税と社会保障負担の経済分析

上村敏之・足立泰美

日本経済評論社

はしがき

　「社会保障と税の一体改革」は、社会保障の充実・安定化を目標とし、そのための安定財源の確保と財政再建を目指して実施されている。日本をはじめとする先進国の財政において、相対的に大きな割合を占める歳出項目が、社会保障にかかる経費である。特に高齢化が急速に進んでいる日本では、年金、医療、介護などの高齢者への社会保障にかかる経費が急増しており、この経費をいかにしてまかなうかが、常に課題になってきた。

　社会保障にかかる経費は、歳出において大きな割合を占めるがゆえに、財政再建とも深い関わりをもっている。先進国のなかでも、日本の財政は特に厳しい状態にある。そのため、社会保障への経費をどのようにまかない、支出するかによって、財政再建の行方が決まってくる。

　残念なことに日本の社会保障は、社会保険料の収入や税収だけでは十分にまかなうことができていない。このような状況に陥った社会保障を、できるだけ早く安定化させなければならない。加えて、少子化対策など、新たな社会保障サービスを充実させる必要もある。これらのためには、安定財源の確保が不可欠である。

　「社会保障と税の一体改革」は、まずは安定財源を確保することが大事であるとし、その主な財源の候補として消費税を掲げた。社会保障のために、消費税の税率を引き上げるという考え方は、それほど目新しいものではない。消費税が導入される時点から、消費税の税収が社会保障の使途として意識されていたことは留意すべきであろう。

　すでに1970年代後半の時点では、高齢化にともなう社会保障にかかる経費の増加が、将来の財政を脅かすことは、十分に予測できていた。1979年に自民党の大平政権が「一般消費税」、1987年に中曽根政権が「売上税」と

いった大型間接税の導入を目指したものの、どちらも導入に至ることはなかった。

　1988年の竹下政権において消費税法が成立し、1989年4月から3％の税率で消費税はスタートした。自民党から政権を奪った細川政権は、税率を7％に引き上げ、社会保障財源として「国民福祉税」への名称変更を1994年2月3日未明に提案したものの、世論の反発を招き、翌日に撤回することになる。自民党を含めた連立与党が誕生した後、1994年の村山政権において、税率を5％へ引き上げることが決まり、1997年4月から実施された。この1997年にアジア通貨危機が勃発し、日本経済は景気の低迷に苦しむ。

　消費税の導入時に複数の内閣が倒れ、「国民福祉税」構想が頓挫し、税率の引き上げとアジア通貨危機の時期が重なったことは、消費税が政治の"アキレス腱"として認識されるきっかけになった。2008年、政権交代を実現した民主党の鳩山政権は、消費税の税率は引き上げないことを公約とした。ところが、それでは社会保障の財源を十分に確保できず、民主党政権は政策の転換を迫られる。

　2012年、野田内閣は2014年4月に8％、2015年10月に10％へ引き上げる法案を提出し、議決された。その後、2013年12月に、再び政権交代で自民党・公明党の連立政権が誕生する。2014年4月、安倍政権において消費税の税率8％への引き上げが実施されるものの、同年11月には2015年10月に予定されていた10％への税率引き上げを1年半、延期することが発表された。

　この間も、社会保障にかかる経費は増加し続けた。2000年度からは介護保険制度が始まった。高齢化の進展で、社会保障サービスへのニーズは高まる一方だが、社会保障の財源を何に求めるかが、日本財政における最大の課題であり続けた。

　この課題への取り組みは、現在は「社会保障と税の一体改革」が背負っている。確かに、社会保障を考えるときに、消費税は重要な財源であり、注目しないわけにはいかない。とはいえ、消費税だけが、社会保障の財源である

わけではない。「社会保障と税の一体改革」は、消費税だけを財源として考えると、視野が非常に狭くなる。

　重要な社会保障財源としては、社会保険料や自己負担などもある。間接税としては、消費税だけでなく、個別間接税も考えておくことが重要である。所得課税や法人課税についても、財源としての大切な役割がある。所得課税や法人課税は、直ちに社会保障財源とはならなくても、基幹税として日本の財政を支えているという意味で、広く「社会保障と税の一体改革」の枠組みで考えておく必要がある。

　本書は、社会保障を考えるときの財源である税や社会保障負担が、家計や企業、政府にとって、どのような負担配分になっているかを分析することを目的とし、今後の「社会保障と税の一体改革」のあり方について検討する。本書の視角は序章に、具体的な分析は各章に、今後の「社会保障と税の一体改革のあり方」については終章に譲るが、本書が「社会保障と税の一体改革」の進展に寄与できることがあれば、著者として喜びの極みである。

　本書の内容は、その多くを研究論文として発表し、または学会や研究会において報告がなされた論文をもとにして、まとめられたものである。序章、1章、2章、3章、6章、終章は上村が、4章、5章、6章、7章は足立が主に担当した。

　本書をとりまとめるにあたっては、個別に名前を挙げることはしないが、多くの方々の助言をいただいた。各章を研究論文として発表する段階や、学会報告においても、多くの方々からの有益なコメントをいただき、内容を改善することができたことに、とても感謝している。

　また、本書の内容は、執筆者である上村および足立が、これまで取得してきた研究助成金（独立行政法人日本学術振興会科学研究費　学術研究助成基金助成金　基盤研究（C）「社会保障の受益と負担に関する実証的研究」課題番号24530378、ユニベール財団研究助成金「家計の医療・介護サービスの消費・負担に関する研究」、財政・金融・金融法制研究基金研究助成金「地

方自治体の社会保障サービスの財政分析」[いずれも代表研究者は上村])に負うところが大きい。

　本書の公刊についても、独立行政法人日本学術振興会の平成27年度科学研究費助成事業(科学研究費補助金)(研究成果公開促進費)課題番号15HP5137より、学術図書としての刊行の補助を頂戴している。以上の助成制度がなければ、本書の刊行は可能ではなかった。助成金の関係団体の方々、さらには助成金の審査にあたった方々など、関係者の方々にもお礼を申し上げたい。

　最後に、私たち執筆者にとって、快適な教育・研究環境を提供していただいている関西学院大学および甲南大学の教職員の方々にも、この場を借りて感謝の気持ちをお伝えしたい。

2015年秋　　上村敏之・足立泰美

目　次

はしがき

序　章　社会保障財政の展望と課題……………………………………1
　1．社会保障財政の現状　1
　2．持続可能性の低い社会保障財政　3
　3．社会保障財源における税と社会保険料の特徴　5
　4．今後も厳しさが続く日本財政　7
　5．負担増、歳出抑制、経済成長のすべてが不可欠　11
　6．本書の視角：税と社会保障負担の経済分析　13

第1章　所得税の控除と税率が税収に与える影響………………………17
　1．はじめに　17
　2．基準ケースのモデル計算　19
　3．所得控除の税収ロスの試算　25
　4．税率引き上げによる増収額の試算　29
　5．まとめ　31
　6．補論：個人住民税の控除が税収に与える影響　32

第2章　消費税を含む間接税の所得階級別負担……………………………37
　1．はじめに　37
　2．間接税制度の概要　39
　3．所得階級別の間接税負担の状況　49
　4．消費税率引き上げが間接税負担率にもたらす影響　52
　5．まとめ　55

第3章　法人実効税率の引き下げが設備投資に与える影響……59

1. はじめに　59
2. 法人課税と資本コストのモデル　62
3. 分析データの加工方法　68
4. 限界実効税率の分布の推移　72
5. 投資関数の推計と限界実効税率の弾力性の推移　74
6. まとめ　78

第4章　社会保険料の負担構造（Ⅰ）……81
国民健康保険制度と後期高齢者医療制度

1. はじめに　81
2. 国民健康保険料の負担構造　83
3. 後期高齢者医療保険料の負担構造　99
4. まとめ　112

第5章　社会保険料の負担構造（Ⅱ）……115
介護保険制度

1. はじめに　115
2. 介護保険制度の概要　118
3. 介護保険料の要因分解の推計方法　120
4. 介護保険料の要因分解と地域間格差　124
5. 介護保険料の受益と負担　126
6. まとめ　130

第6章　所得課税と社会保険料の再分配効果……133

1. はじめに　133
2. 代表的家計モデルによる世帯負担率　134
3. 所得課税と社会保険料の再分配効果に関する先行研究　138

4．ライフサイクルモデルによる分析手法　140
5．分析データの加工方法　145
6．分析における計測方法　146
7．分析結果　151
8．まとめ　160
9．補論：限界実効税率と生涯負担率　161

第7章　社会保険料の徴収構造 ……………………………………… 169
　　　　　　国民健康保険料（税）の収納率の分析

1．はじめに　169
2．財政調整と保険料賦課方式　172
3．保険料の収納をめぐる先行研究　175
4．財政調整および保険料賦課方式と保険料収納率の分析　178
5．推計結果　184
6．まとめ　192

終　章　政策評価とポスト一体改革の指針 ……………………………… 197

1．税と社会保障負担の政策評価　198
2．ポスト「社会保障と税の一体改革」の指針　205
3．まとめ　209

参考文献　211
索引　217

序章
社会保障財政の展望と課題

1．社会保障財政の現状

　2014年は、長い間の懸案となっていた「社会保障と税の一体改革」が動き出し、社会保障財政に大きな動きをもたらす年となった。最大の変化は、2014年4月1日に実施された消費税の税率の引き上げの実施である。悪化し続けてきた日本の社会保障財政だが、このとき、ひとつの大きな転換点を迎えたといえる。

　とはいえ、この消費税の増税によって、日本の社会保障財政が安泰になるかといえば、そう楽観的になれるわけではない。高齢化は今後も確実に進行することから、社会保障費はまだまだ伸び続ける。それゆえに、社会保障財源を確保する努力は、今後も継続的になされなければならない。

　まずは社会保障財政の状況をおおまかに眺めることにしよう。図0.1には、社会保障給付費と社会保険料収入の推移が示されている。社会保障給付費とは、「年金」「医療」「その他福祉」といった社会保障の給付に要する費用である。

　費用をまかなうには財源が必要である。日本の社会保障制度は、年金、医療、介護の社会保険制度が核となっており、社会保障給付費の主な財源は社会保険料収入である。社会保険料は事業者拠出（企業負担分）と被保険者拠出（本人負担分）に分けられる。

　図0.1にあるように、社会保障給付費は毎年数兆円の規模で増加する傾向にあり、近年では100兆円の大台を突破するに至った。その一方で社会保険

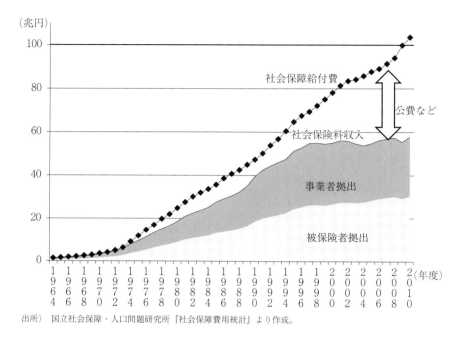

図 0.1　社会保障給付費と社会保険料収入の推移

料収入は60兆円弱の横ばいで推移している。社会保険料収入が低迷している背景には、長引いてきた不景気、就業構造の変化、少子高齢化、不平等化といった要因が考えられる。

　図0.1からも読み取れるように、社会保障給付費と社会保険料収入の差は、近年では40兆円以上にもなっている。このような社会保障の財源不足を補うために、社会保険料収入とは別の財源が投入されてきた。たとえば、医療や介護の自己負担である。しかし、社会保険料と自己負担だけでは社会保障給付費を十分にまかなうことができていない。

　そこで投入されてきたのが「公費」である。「公費」は、すなわち国や地方自治体による社会保障財源の補填である。ここで問題になっているのは、図0.1にあるように、年々、その金額が膨張していることである。しかも、

「公費」の財源には、税収だけでなく赤字国債が含まれている。

　現状の社会保障給付費は主に高齢者に対する給付であるが、その財源に赤字国債がつぎ込まれていることは、政府の財政運営としては健全ではない。1年以内に費消する、現時点で生きている世代（現在世代）への社会保障の受益を、何十年もかけて返済しなければならない赤字国債という将来世代の負担でまかなっているからである。「公費」が投入されることで、現在世代と将来世代の受益と負担の食い違いが生じている。

　「社会保障と税の一体改革」では、消費税の税率引き上げによる税収は、すべて社会保障財源とすることが決められている。そのため、増税による税収の大部分は、社会保障給付費の補填となる公費部分に投入される。実際のところ、「社会保障と税の一体改革」が狙うのは、赤字国債に依存してきた社会保障財政の不健全な状態を、税収によってカバーすることで健全な状態に戻すことである。これがすなわち、社会保障財政の持続可能性を高め、受益と負担の関係を正常化することにつながる。

2．持続可能性の低い社会保障財政

　ところで直近の問題は、2017年4月に予定されている10％への消費税の税率引き上げで、今後の社会保障財源は十分にまかなえるのか、という点にある。その問題の回答を探るために図0.2を参照する。図0.2は、社会保障給付費の構成項目の推移を示している。具体的には、「年金」「医療」「福祉その他」の推移が示されている。介護は「福祉その他」に入っている。

　社会保障給付費のなかで「年金」はもっともシェアが大きく、その次に「医療」、最後に「福祉その他」である。図0.2には、それぞれの社会保障給付費の増加率の推移も示されている。高い増加率を示している1973年度は、社会保障サービスの充実が図られた、いわゆる「福祉元年」に相当する。「年金」は60％、「医療」「福祉その他」は40％程度という高い伸び率で社会保障給付費が増えたことが分かる。

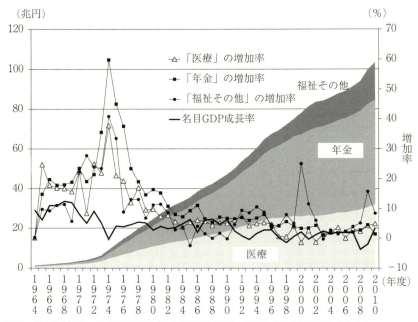

図 0.2　社会保障給付費の構成項目の推移と増加率

　図 0.2 には、名目 GDP 成長率も示されている。名目 GDP 成長率と、社会保障給付費のそれぞれの構成項目の増加率を比較してみよう。1980 年代の一時期、「福祉その他」の増加率が名目 GDP 成長率を下回っている期間があるが、それ以外の期間については、明らかに名目 GDP 成長率の方が社会保障給付費の増加率よりも低くなっている。なお、2000 年度の「福祉その他」に高い増加率が見られるのは、介護保険制度の導入があったためである。

　名目 GDP 成長率と社会保障給付費の増加率の傾向から分かることは、過去のほとんどの期間において、社会保障給付費は名目 GDP 成長率よりも高い増加率で増えてきているという事実である。どんな国でも、名目 GDP を超える社会保障給付費をもつことはできない。名目 GDP 成長率よりも社会

保障給付費の増加率が高い状態が永続的に続くことはない。したがって現状の日本の社会保障は、残念ながら持続可能性があるとはいえない。

社会保障給付費の持続可能性を確保するには、少なくとも名目GDP成長率と社会保障給付費の増加率が一致するようにしなければならない。その意味では、消費税の税率引き上げはもちろんではあるが、その他の財源の確保とともに、社会保障給付費の効率化を進めることが急務なのである。

3. 社会保障財源における税と社会保険料の特徴

社会保障財源の確保については、いくつかの選択肢がある。本書のタイトルが『税と社会保障負担の経済分析』とあるように、税と社会保障負担は、社会保障財政における財源面での選択肢を示している。そのため、財源確保の手段としての、税および社会保障負担の特徴を踏まえておくことは重要である。

一般的に、社会保障負担には自己負担と社会保険料がある。自己負担は、医療や介護のサービスを受けるときに、その時点で家計が負担する。自己負担割合を高めるほど、財源確保が可能になるだけでなく、社会保障サービスへの需要を抑制する効果がある。ただし、自己負担割合を高めて、社会保障サービスの消費をただ抑制することが望ましいとはいえない。高い自己負担割合が医療サービスを抑制することで、かえって重い疾患を患う危険性もある。また、高い自己負担割合は低所得者にとって重い負担となる問題もある。

自己負担は、定率負担と定額負担、もしくはこれらの混合による手段が考えられる。定率負担の場合は、社会保障サービスの消費金額と比例的に連動し、受益と負担の関係は明確である。定額負担については、基礎的な社会保障サービスの受益と関係していると考えることができる。このようにして、自己負担は受益者負担に位置づけられる。

社会保険料はどうだろうか。日本には、年金保険料、健康保険料、介護保険料といった社会保険料が存在する。自己負担との違いは、社会保険料は現

時点の社会保障サービスの受益とは必ずしも連動しないが、その可能性や受給の権限と連動していることである。年金保険料ならば、現役のときの拠出がなければ、支給開始年齢以降に年金給付を受けられない。健康保険料も介護保険料も、原則的には拠出がなければ、医療もしくは介護サービスを受けることはできない。

　社会保険料においては、拠出履歴が決定的に重要であり、拠出履歴がなければ社会保障サービスを受けることができない。拠出履歴が受給権に関わるのが、社会保険制度の特徴である[1]。この特徴は租税とはまったく異なる。社会保険料は、社会保障サービスを受ける可能性ないし権限に受益を見いだしており、その意味での受益と負担の関係が構築されている。

　それでは、租税はどうであろうか。租税は、一般的には特定の公共サービスの受益との関係を見いだせない[2]。たとえば、警察サービスや消防サービスに対して、どの税財源が充当されているかを、特定することはできない。また、社会保険料の拠出履歴のように、税負担の記録が公共サービスに連動するわけでもない。

　ところが、租税のなかでも消費税については、これまでも予算総則において福祉財源に位置づけられてきた。現時点で進められている「社会保障と税の一体改革」においても、消費税の税率引き上げ分は、社会保障4経費の財源とすることが決められている[3]。

　消費税が社会保障財源として相応しいかは、様々な議論がある。特に議論となるのは、社会保障サービスの受益と消費税の負担の関係である。消費額が多く、消費税の負担が多い家計ほど、社会保障サービスの受益を多く受けているような関係性は見いだせないだろう。したがって、自己負担や社会保険料のように、明確な受益と負担の関係を消費税に求めることは難しいと思われる。

　本来ならば、受益と負担の関係が明確となっている自己負担や社会保険料に、社会保障サービスの財源不足を補ってもらうことが、受益と負担の追求からいえば望ましい。しかしながら、先の図0.1にも示したように、近年の

社会保険料収入は頭打ちになっており、社会保険料に頼ることにも限界がある。自己負担割合を高める手段は検討すべきであるが、あまりに自己負担割合を高めれば、人々の生活の質を保つための社会保障サービスを人々が避けるか、享受できなくなってしまう。

　ただ、多くの種類の租税があるなかで、消費税が社会保障財源として選ばれている理由は考えておくべきであろう。確かに、消費税の負担額と社会保障サービスの受益には直接的な関係性はないと考えられる。だが、保育、医療、介護、年金といった社会保障サービスは、おそらくほとんどの人々が、過去に受けた経験がある、もしくは、今後に受ける可能性があるといえる。人々のライフサイクルに、これらの社会保障サービスの受益は常に関わっていることから、どのような人々でも負担する消費税が、財源として選ばれたと考えられる[4]。この意味では、消費税と社会保障サービスに、ゆるやかな受益と負担の関係が見いだせないわけではない。

　「社会保障と税の一体改革」では、「公費」に含まれる赤字国債の発行に頼る部分を、消費税の増税によって穴埋めすることが、目的のひとつになっている。自己負担や社会保険料に比べて消費税は、社会保障サービスの受益との関係性が弱いと言わざるをえないが、赤字国債に比べれば"まし"なのだとわかる。現時点の社会保障サービスは、現在世代の受益であるが、赤字国債は将来世代の負担である。このような時間軸の視点からも、「社会保障と税の一体改革」をとらえておくことが必要である。

4．今後も厳しさが続く日本財政

　それでは、今日の「社会保障と税の一体改革」が、国の財政に与える影響について考えてみよう。国の財政状態をとらえる指標には様々なものがあるが、もっともオーソドックスな指標にプライマリーバランス（基礎的財政収支）がある。いま、日本財政の歳入と歳出が次のように示されるとする。

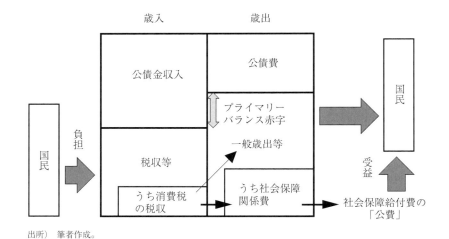

出所）筆者作成。

図 0.3　国の一般会計における歳入と歳出の概念図

$$歳入 = 公債金収入 + 税収等 \quad (1)$$

$$歳出 = 公債費 + 一般歳出等 \quad (2)$$

　図 0.3 は、日本財政における歳入と歳出の概念を国の一般会計を想定して示している。ここでの公債金収入は、新規に発行される公債による収入である[5]。税収等の「等」とは、印紙収入や資産売却などの租税以外の収入である。公債費は公債償還費と利払費から構成される。一般歳出とは、社会保障、公共事業、文教、防衛などの政策的経費であり、一般歳出等の「等」は地方交付税交付金を意味している。

　やや単純化すれば、現時点で生きている世代（現在世代）の「負担」が税収等であり、現在世代への公共サービスによる「受益」が一般歳出等である[6]。なお、税収等のうち消費税の税収は、地方交付税交付金の財源を除く大部分が福祉目的財源である。そのため、歳出の社会保障関係費の財源の一部となっている。社会保障関係費はその大部分が、図 0.1 にある社会保障

給付費の「公費」に充てられている。

以上の定義のもとで、プライマリーバランスは次のように示される。

$$\text{プライマリーバランス} = \text{税収等（負担）} - \text{一般歳出等（受益）} \quad (3)$$

プライマリーバランスは黒字にも赤字にもなり得る。プライマリーバランス黒字の場合は、現在世代の「負担」が現在世代への「受益」を上回っている。逆にプライマリーバランス赤字の場合は、「受益」が「負担」を上回っている。図0.3は、プライマリーバランス赤字の状態を示している。

歳入＝歳出の関係を使えば、次の関係が成り立つ。

$$\text{プライマリーバランス黒字} \Leftrightarrow \text{公債金収入} < \text{公債費（＝公債償還費＋利払費）} \quad (4)$$

$$\text{プライマリーバランス赤字} \Leftrightarrow \text{公債金収入} > \text{公債費（＝公債償還費＋利払費）} \quad (5)$$

公債費には公債償還費と利払費が含まれている。プライマリーバランス黒字の場合に、公債金収入＝公債償還費ならば、政府の公債残高は時間を通して一定となる。残念ながら日本財政は、恒常的にプライマリーバランス赤字の状態である。そのため、常に公債金収入＞公債償還費が成り立っており、政府の公債残高は増えている。

なお、プライマリーバランスは、国だけでなく地方も含めて考える必要がある。税財源によって償還費と利払費がまかなわれる政府の債務として「国及び地方の長期債務残高」の概念がある。財務省の資料によれば、国及び地方の長期債務残高は、1998年度末には553兆円だったのが、2003年度末に692兆円、2008年度末に770兆円となり、2014年度末にはとうとう1,000兆円の大台を突破した。

長期債務残高の累増を抑制するには、プライマリーバランス赤字を圧縮し、黒字への転換が欠かせない。図0.4は、内閣府が毎年試算している国と地方

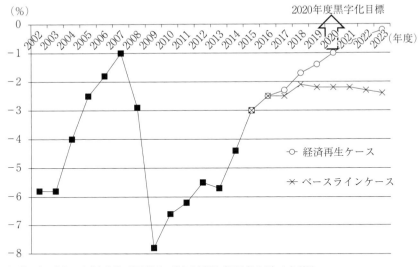

出所）内閣府(2015)「中長期の経済財政に関する試算」（2015 年 7 月）より引用。

図 0.4　国と地方のプライマリーバランス対名目 GDP 比の推移

のプライマリーバランス対名目 GDP 比の推移である（2015 年 7 月時点）。

　図 0.4 の縦軸の最大値が 0 ％であることに注目したい。国と地方のプライマリーバランス対名目 GDP 比は、2000 年代以降、ずっと赤字である。プライマリーバランスが赤字であるから、長期債務残高は累積し続けている。長期債務残高の累積を抑制するためには、プライマリーバランスの黒字化が欠かせない。

　図 0.4 の 2015 年度以降のプライマリーバランス対名目 GDP 比には、予測値が示されている。予測値は「経済再生ケース」と「ベースラインケース」に分けられる。「経済再生ケース」は安倍政権によるアベノミクスの成長戦略がうまくいく場合であり、「ベースラインケース」は成長戦略がそれほどの効果をもたない場合である。

　「経済再生ケース」においては、国と地方のプライマリーバランス対名目 GDP 比が縦軸の上に向かっている。すなわち、プライマリーバランスが改

善している。一方の「ベースラインケース」では、いったん改善したプライマリーバランスが、徐々に悪化している。両者の比較により、財政再建にとって、成長戦略の成功がいかに重要なのかが分かる。

日本の政府は、2020年度に国と地方のプライマリーバランスの黒字化を目標としている。そのために「社会保障と税の一体改革」が実行されつつあるわけだが、図0.3にもあるように、「経済再生ケース」にいたっても、2020年度の黒字化にはほど遠い。

「経済再生ケース」「ベースラインケース」のいずれのケースでも、2017年4月に予定される消費税の10%への税率引き上げが織り込まれている。「経済再生ケース」でも2020年度の時点で、国と地方のプライマリーバランス対名目GDP比はマイナス1%となっており、これは約5兆円の規模である。消費税の税率が1%で2.7兆円の税収であることを考えれば、実に2%の税率分に相当する。

5．負担増、歳出抑制、経済成長のすべてが不可欠

今後、政府が掲げる黒字化目標をクリアするには、さらなる消費税の税率引き上げをはじめとした負担増、歳出抑制、経済成長の実現が不可欠である。それでは、負担増、歳出抑制、経済成長のどれを実施すれば、財政再建が達成されるのだろうか。その答えは「すべて」の実施である。

多くの国民は、負担増と歳出抑制を望まない。負担増はもちろん、歳出抑制も公共サービスの減少であり、利害関係者は抵抗する。そのため、経済成長だけで財政再建が達成されれば、それに越したことはないと思うのが普通である。

確かに経済成長が実現すれば、税収が増えて財政再建が進む。しかしながら、負担増と歳出抑制なしで、財政再建が実現するほどの高い経済成長を見込むことは、今後の日本ではおそらく想定できない。さらに言えば、経済成長率が高まれば、それに引きずられて金利も上昇する。金利上昇は政府の利

払費を増やし、そこから財政が悪化してしまう。また、経済成長率が高まれば、歳出増加の圧力も強まる。

そのために、負担増と歳出抑制もあわせなければならない。負担増については、消費税の税率引き上げだけでなく、他の租税や社会保険料、自己負担を高めることが考えられる。医療費の自己負担の引き上げや、高所得者の介護サービスの自己負担割合の引き上げなど、消費税の税率引き上げとともに実施を検討するべき改革は存在する。

それでも消費税の税率引き上げは不可欠であろう。2017年4月に10％への消費税の税率引き上げが行われたとしても、将来的には再び社会保障財政は財源不足に陥るからである。このことは、簡単な計算で示すことができる。

厚生労働省などの資料によれば、消費税の税率引き上げ分5％による増収は約13.5兆円であり、1％相当の2.7兆円は社会保障の充実、4％相当の10.8兆円は社会保障の安定化のための財源となる。

税率4％相当の10.8兆円は、社会保障の安定化に使われるとされているが、かなりの部分を赤字国債に依存する社会保障を正常な状態に戻すための財源である。これが安定化の意味である。具体的には、基礎年金の2分の1の国庫負担率を維持するために2.9兆円程度、「公費」として赤字国債をつぎ込んでいる7兆円程度がある。基礎年金の国庫負担については、2年にわたって国債発行で財源確保がなされるなど、不健全な財政運営が行われてきた。

そのため、消費税の税率を10％にまで引き上げたところで、社会保障サービスの充実は2.7兆円部分しか使うことができない。消費税の税率を引き上げても、社会保障サービスが格段によくなるわけではない。この点は、国民からみれば、消費税の税率引き上げがなされても、実感として社会保障サービスが改善していないと感じてしまう最大の要因でもある。

しかしながら、社会保障財政の赤字国債への依存をいったん脱却するところに、「社会保障と税の一体改革」の重要な意義がある。かといって、消費税の税率引き上げがなければ、社会保障財政の維持が困難になる。

図0.1の社会保障給付費の伸びを見ればわかるように、高齢化の進展によって、毎年、数兆円の規模で社会保障給付費が増加している。とすれば、消費税の税率を引き上げたとしても、すぐに財源が足らなくなり、再び赤字国債に頼るようになることは目に見えている。消費税の10％への税率引き上げで社会保障が安定化する期間は、とても短いのではないだろうか。

　政府としては、国民に負担を強いる消費税の税率の再引き上げは避けたいところであろう。だからこそ、歳出抑制への努力は惜しむべきではない。社会保障費が現在の日本財政の最大の歳出項目であり、毎年、数兆円の規模で増えてゆくことを念頭に置く必要がある。社会保障費の規模を考えれば、社会保障以外の経費の歳出抑制だけで、膨張する社会保障費をまかなうことはできない。最大限の歳出抑制の努力とともに、消費税の税率の再引き上げ、さらには他の財源の確保が検討されるべきである。

6．本書の視角：税と社会保障負担の経済分析

　「社会保障と税の一体改革」においては、社会保障サービスの機能強化を目的とした消費税の増税が決められた。社会保険料に依存するだけでは、社会保障制度の持続可能性は厳しく、そのために社会保障制度は、その財源を税制に求めるようになった。それでも社会保障財政の厳しさが今後も続くことが予想され、「社会保障と税の一体改革」は2017年4月に予定されている消費税の税率10％への増税で完結するわけではない。

　社会保障財政が厳しいとはいえ、無尽蔵に家計から負担を求めるわけにはいかない。現状の税と社会保障負担が、家計にどのような負担を強いているのか、その負担構造を明らかにし、民間経済主体である家計・企業行動への影響を考察しなければ、税と社会保障負担の政策評価は困難である。このような背景と問題意識のもとで本書は、税と社会保障負担の現状を把握し、政策評価を行うことで、ポスト「社会保障と税の一体改革」のあり方を検討することを目的としている。

バブル崩壊ならびにリーマンショックを経て、日本経済の成長は鈍化した。成熟化した日本経済のなかで、社会保障制度の持続可能性を高めるための税と社会保険料負担が、民間経済主体の家計・企業にどのような影響を与えているのかを把握し、政策評価を行うことの意義は大きい。

　さらに、社会保障財政の厳しさは、現状の「社会保障と税の一体改革」だけでは解消できず、近い将来に再度の改革がなされることは必至であろう。このとき、社会保障財政と家計の税と社会保障負担の政策評価を示すことは、来たるべきポスト「社会保障と税の一体改革」のあり方を検討するために不可欠である。

　本書は、分析の対象となる税と社会保障負担が、民間経済主体である家計と企業、さらには政府（国と地方）の財政に与える影響について分析し、税と社会保障負担の政策評価を行う。本書の分析の視点は、(1)家計・企業行動への影響、(2)所得再分配効果・負担構造、(3)税収・社会保険料収入への影響、(4)受益と負担の関係・地域間格差である。本書の「分析の対象」、「分析の視点」、「分析の目的」の関係を図0.5に示す。

　序章は政府の財政の現状と「社会保障と税の一体改革」の背景についてまとめた。第1章から第7章までは、現実のデータにもとづいた分析を行う。まず、政府の税収・社会保険料収入への影響を考慮しつつ、家計への所得再分配効果や負担構造に関し、第1章では所得課税（所得税と住民税）、第2章では間接税（消費税と個別間接税）について分析と評価を行う。ここでは、所得課税の所得控除、消費税と個別間接税の所得再分配効果が示される。第3章では、特に法人所得税と企業の設備投資行動について分析を行う。

　次に、地方財政における国民健康保険制度、後期高齢者医療制度、介護保険制度における医療・介護サービスに着目する。第4章と第5章においては、受益と負担の関係から社会保険料の家計の負担構造と地域間格差を明らかにする。また、国民健康保険制度の保険料収入に関して、収納率の決定要因とインセンティブ構造を第7章において分析する。国民健康保険制度に注目したのは、税制や他の社会保険制度に比べて、収納率が特に低いことが問題に

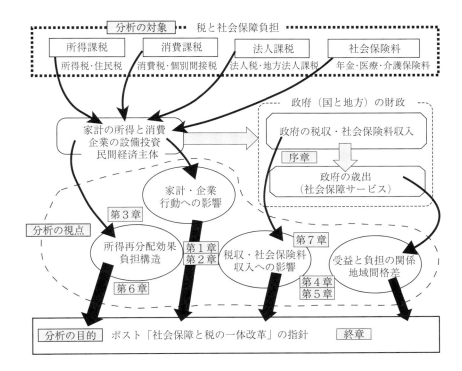

図 0.5　本書の各章が扱うテーマと関係性

なっているからである。

　さらに、家計の所得・消費データにもとづき、税と社会保険料の負担構造に関して、第6章ではライフサイクルモデルによる分析を行う。ライフサイクルの観点からみた税と社会保障負担の再分配構造、さらには生涯負担率や限界実効税率による分析を展開する。

　最後の終章においては、本書の分析によって得られた結論をまとめ、税と社会保障負担の政策評価を行い、ポスト「社会保障と税の一体改革」のあり方について検討する。本書の概要と主張は終章にまとめられている。

　先進国のなかでも、日本の少子高齢化はもっとも急速に進展しており、そのことが社会保障財政に深刻な影響をもたらしている。社会保障制度を支え

るための財源に悩んでいるのは、日本だけではない。先進国のみならず多くの新興国が、共通にもつ政策的課題である。社会保障財政の厳しさを打開するため、日本が「社会保障と税の一体改革」の実行を決断し、その改革が現状で進行していることは、同じ悩みをもつ他国も注目するところである。

　少子高齢化にともなう「課題先進国」である日本において、税と社会保障負担の現状がどのようになっているのか、それらの政策的な課題がどこにあるのか。ポスト「社会保障と税の一体改革」に向けた政策的な示唆を提示することが、本書の最大の目的である。第1章から第7章の各章は、個別の各論について分析し、終章では各章の結果をまとめて、ポスト「社会保障と税の一体改革」の指針を示す。

注
1）ただし、受給権はすなわち社会保障サービスの絶対量を保証するものではない。たとえば公的年金においては、マクロ経済スライドによって将来の年金給付が削減される可能性がある。
2）ただし、目的税の場合は、特定の公共サービスとの結びつきが強いが、日本において、目的税はそれほど大きな税収シェアをもっているわけではなく、ここではとりあげない。
3）2015年度時点で、消費税の税率8％のうち、国の消費税の税率は6.3％、地方消費税の税率は1.7％である。国の消費税の税収のうち、地方交付税交付金の財源となる22.3％（交付税率）を除く76.7％部分は社会保障財源である。また、地方消費税の税率1.7％のうち、0.7％部分（2014年4月に引き上げられた部分）は地方自治体の社会保障財源となっている。2017年4月に予定されている10％への税率引き上げの段階でも、税率の引き上げ部分は社会保障財源となることが決められている。その際、消費税の交付税率は19.5％に引き下げられる予定である。
4）所得税や法人税などは、どのような人々でも負担する租税であるとはいえない。
5）借換債については国債整理基金特別会計にて発行され、その歳入となっていることから、ここでは捨象する。
6）厳密には、公共事業のように社会資本の形成を通して、将来世代に対して受益をもたらすと考えられる公共サービスも一般歳出には含まれるため、一般歳出等が完全に現在世代の受益であるとは言い切れないが、ここでは議論を単純化している。なお、すべての公共事業が将来世代に正の受益をもたらすとは限らない。形成される社会資本の利用頻度が重要である。

第1章
所得税の控除と税率が税収に与える影響

1．はじめに

　所得税は社会保障制度とともに、所得再分配機能を期待されている税制である。所得税による所得再分配の効果は、各種控除と税率によってもたらされる。控除が大きければ大きいほど、家計の税引き後所得は増える。税率が高ければ高いほど、家計の税引き後所得は減る。

　控除には税額控除と所得控除の2種類があるが、両者が所得再分配に与える影響は異なる。税額控除は算出税額から差し引き、所得控除は所得金額から差し引く。ある家計がもつ扶養者の人数や収入などの世帯属性などに応じて、各種控除が利用できるか否かが決められるため、所得税の所得再分配効果は世帯属性にも依存する。

　所得控除については、その家計が直面する限界税率によっても、所得再分配に与える影響が異なってくる。所得控除が一定金額でも、その家計が直面する限界税率が低ければ（高ければ）、その家計の税引き後所得に与える影響は小さい（大きい）。

　一方、税率がもつ所得再分配効果は、超過累進税率の程度に依存する。税率の累進性が高くなれば（低くなれば）、所得再分配効果は大きくなる（小さくなる）。

　控除と税率がもつ所得再分配効果は、所得税の税収にも影響をもたらす。所得再分配機能を強化するほど、所得税の税収は落ちてゆく。控除によって生じる税収ロスは、政府予算の歳入から漏れるだけでなく、歳出にも計上さ

れることはない。控除による税収ロスは、実質的には「補助金」であるにも関わらず、予算に登場しないために、財政における統制が困難になるという問題を抱えている。

　「社会保障と税の一体改革」においては、消費税の増税に話題が集中する。しかしながら、社会保障制度だけが所得再分配機能をになうわけではない。特に高所得者に対する所得再分配効果は、所得税にゆだねることが妥当である。近年では、女性の社会進出や少子化対策との関わりで、配偶者控除や扶養控除のあり方をめぐり、活発な議論がなされている。単に減税を支持することは議論の上では容易ではあるものの、日本財政の状況は厳しいこともあり、控除や税率の改革にあたっては、それが税収に与える影響を考える必要があろう。

　そこで本章では、所得税の控除と税率が税収に与える影響を数量的に示す。ここでは上村（2012b）による所得税の税収の決定要因を分解するアプローチを採用する。上村（2012b）は単年の分析にとどまっているが、本章では2000年から2012年という10年以上にわたった計測を行い、所得控除と税率が税収に与える影響を時系列で評価する[1]。

　本章では特に2007年の改正後の所得税制と2006年以前の改正前の所得税制を比較する。表1.1にあるように、本章の分析対象期間においては、2006年以前と2007年以後において、所得税の税率と課税される所得金額の区分（ブラケット）の変更がなされている。なお、本章では便宜的に、低い所得金額に対する限界税率から順番に、「第1限界税率」、「第2限界税率」、……、「第6限界税率」のように名前をつけておく。

　所得税の課税ベースに焦点をあてた研究として、森信・前川（2001）、望月・野村・深江（2010）、上村（2008）などがある[2]。いずれもマクロもしくは、所得階級ごとに1つの代表的家計を想定した試算となっており、所得階級内部の家計の世帯属性が考慮されていない。本章の計測方法は、家計の世帯属性を考慮するところに特徴がある。

　本章の構成は次の通りである。第2節では基準ケースのモデル計算を行う。

第1章 所得税の控除と税率が税収に与える影響　19

表 1.1　分析対象期間の所得税の税率

	2006 年以前		2007 年以降	
	課税される所得金額	税率	課税される所得金額	税率
第 1 限界税率	330 万円まで	10%	195 万円まで	5%
第 2 限界税率	330 万円超 900 万円まで	20%	195 万円超 330 万円まで	10%
第 3 限界税率	900 万円超 1,800 万円まで	30%	330 万円超 695 万円まで	20%
第 4 限界税率	1,800 万円超	37%	695 万円超 900 万円まで	23%
第 5 限界税率			900 万円超 1,800 万円まで	33%
第 6 限界税率			1,800 万円超	40%

出所）　筆者作成。

　第3節では所得控除がもたらす税収への影響を試算する。第4節では税率引き上げが税収に与える影響を試算する。第5節では本章の内容をまとめ、むすびとする。本章末の補論では、個人住民税の控除が税収に与える影響について分析し、所得税との比較を行う。

2．基準ケースのモデル計算

　所得税の控除と税率が税収に与える影響を試算するには、基準ケースを定めなければならない。本節では2012年の国税庁『民間給与実態統計調査』データを例示しながら基準ケースのモデル計算を展開する。「　」は当該データの項目名である。
　表1.2にあるように、給与収入階級は12に区分されている。2,000万円を超える給与所得者は申告納税の対象となり、『民間給与実態統計調査』では網羅されていないため、本章では分析の対象としない。また、給与所得以外の所得に対する所得税についても、本章では分析の対象としない。
　表1.2には、給与収入階級別の「給与所得者数」と「税額」データを転載した。各給与収入階級の給与所得者が「給与所得者数」だけ存在し、「税額」の所得税を負担している。基本ケースのモデル計算では、所得税制の仕組みを用いて、給与収入階級別の「税額」データを再現する。

表 1.2 給与収入階級と給与所得者数(1)

(2012 年)

n	給与収入階級	給与所得者数 K (人)	給与額 (百万円)	税額 (百万円)	一般配偶者控除対象配偶者数(人)
1	100 万円以下	3,046,640	2,506,349	0	103,005
2	100 万円超 200 万円以下	5,802,634	8,561,036	64,340	406,431
3	200 万円超 300 万円以下	7,063,352	17,831,748	250,827	859,089
4	300 万円超 400 万円以下	7,685,617	26,937,978	448,381	1,354,745
5	400 万円超 500 万円以下	6,028,296	26,959,580	504,287	1,638,644
6	500 万円超 600 万円以下	4,118,329	22,549,041	505,293	1,478,312
7	600 万円超 700 万円以下	2,512,744	16,253,494	445,424	1,108,247
8	700 万円超 800 万円以下	1,732,178	12,921,614	477,982	863,396
9	800 万円超 900 万円以下	1,112,457	9,422,638	461,166	602,432
10	900 万円超 1,000 万円以下	745,296	7,052,353	419,488	428,414
11	1,000 万円超 1,500 万円以下	1,210,630	14,240,211	1,208,638	730,229
12	1,500 万円超 2,000 万円以下	219,963	3,767,280	539,073	127,478
	合計	41,278,136	169,003,322	5,324,899	9,700,422

出所) 国税庁『民間給与実態統計調査』より作成。

具体的な作業は以下の通りである。『民間給与実態統計調査』には、各控除の対象者数（利用者数）も記載されている。表 1.2 には「一般配偶者控除の対象者数」を例示として転載した。このデータを用いれば、各給与階級の「給与所得者数」を、控除利用者と控除未利用者に分解できる。

「500 万円超 600 万円以下」の給与収入階級を例としよう。この給与収入階級の「給与所得者数」は 4,118,329 人、一般配偶者控除の対象配偶者数は 1,478,312 人である。したがって、一般配偶者控除の利用者数は 1,478,312 人、未利用者数は両者を差し引いた 2,640,017 人となる。

他の控除についても、利用者数と未利用者数を分離できる。この方法によって、各給与収入階級の「給与所得者数」を、それぞれの控除の利用者数と未利用者数で分解してゆく。ここでの一連の作業によって、各給与収入階級に、所得控除の利用と未利用という属性をもつ、複数の給与所得者の利用データを生成できる（後に登場する控除利用ベクトル M）。このような控除利用形態は、給与所得者の家計の世帯属性を表現している。

表1.3には、本章のモデル計算が分析対象にできる各種控除を掲げている。基礎控除はすべての給与所得者に適用されるため、未利用者は存在しない。その他の20の控除については、利用と未利用によって2通りに分解できる。

すなわち、この方法による給与所得者の控除利用の組み合わせ数は、給与階級 $12 \times 2^{20} = 12,582,912$ 通りとなる。数字上は、各給与収入階級に 1,048,576 通り（$= 12,582,912$ 通り $\div 12$）の控除利用の組み合わせをもつ給与所得者が存在し、これが家計の世帯属性を表現する[3]。

以上のプロセスを一般化しよう。12ある給与収入階級を n（$n = 1, 2, \cdots, 11, 12$）、20ある控除を m（$m = 1, 2, \cdots, 19, 20$）で区別する。ある給与収入階級 n に属する給与所得者数を K^n、その給与収入階級 n における控除 m の利用者数を D_m^n とする。このとき、この給与収入階級 n の当該控除 m の利用率 S_{1m}^n または未利用率 S_{2m}^n は(1)式と(2)式のように示される。ここで、利用 $r = 1$、未利用 $r = 2$ であり、その定義から $S_{1m}^n + S_{2m}^n = 1$ である。

$$S_{1m}^n = \frac{D_m^n}{K^n} \quad (1), \qquad S_{2m}^n = \frac{K^n - D_m^n}{K^n} \quad (2)$$

たとえば、ある給与収入階級 n に属するある給与所得者 i が、控除 $m = 1$ は利用 $r = 1$、控除 $m = 2$ は未利用 $r = 2$、……、控除 $m = 20$ は未利用 $r = 2$ のような状況であれば、この給与所得者 i の控除の利用状況はベクトル $M_i^n (1, 2, \cdots, 2)$ のように表現できる。これを控除利用ベクトル $M_i^n (r_i^n)$ と表そう。

以上の設定のもとでは、ある給与収入階級 n に属し、同じ控除利用ベク

表1.3 分析可能な所得税の各種控除

(金額の例は2012年税制)

m	控除名	金額 （　）内は総額	備考
0	基礎控除	38万円	全給与所得者に適用
1	一般配偶者控除	38万円	
2	同居特別障害配偶者控除（上乗せ分）	25万円（63万円）	(1)利用が条件
3	老人配偶者控除（上乗せ分）	10万円（48万円）	(1)利用が条件
4	同居障害老人配偶者控除（上乗せ分）	45万円（83万円）	(1)利用が条件
5	社会保険料控除	全額	
6	配偶者特別控除	最大38万円	(1)利用が条件
7	一般扶養控除	38万円	
8	特定扶養控除（上乗せ分）	25万円（63万円）	(7)利用が条件
9	同居老人扶養控除（上乗せ分）	20万円（58万円）	(7)利用が条件
10	その他老人扶養控除（上乗せ分）	10万円（48万円）	(7)利用が条件
11	同居障害者扶養控除（上乗せ分）	37万円（75万円）	(7)利用が条件
12	障害者控除	27万円	
13	特別障害者控除（上乗せ分）	13万円（40万円）	(12)利用が条件
14	寡婦（寡夫）控除	27万円	
15	特別寡夫控除（上乗せ分）	8万円（35万円）	(15)利用が条件
16	勤労学生控除	27万円	
17	小規模企業共済等掛金控除	全額	
18	生命保険料控除	上限あり	
19	地震保険料控除	上限あり	
20	住宅借入金等特別控除	上限あり	税額控除

出所）　筆者作成。

トル M_i^n をもつ給与所得者数 I_i^n は(3)式のように計算できる。なお、給与所得者数 I_i^n を i について(4)式のように集計すれば、この給与収入階級 n に属する給与所得者数 K^n となる。

$$I_i^n = K^n \prod_{m=1}^{20} S_r^n(M_i^n(r_i^n)) \quad (3), \qquad K^n = \sum_i I_i^n \quad (4)$$

控除利用ベクトル M_i^n に対して控除の金額を適用し、税額を計算する。このとき、一般配偶者控除であれば38万円のように、多くの控除は制度として金額が定まっているが、金額が決まっていない控除がある。たとえば「社

表 1.4 給与収入得階級と給与所得者数(2)

(2012 年)

n	給与収入階級	給与所得者数 K (人) —再掲—	社会保険料控除人員（人）	社会保険料控除金額（百万円）
1	100 万円以下	3,046,640	852,433	23,464
2	100 万円超 200 万円以下	5,802,634	4,342,166	716,433
3	200 万円超 300 万円以下	7,063,352	6,596,522	2,193,954
4	300 万円超 400 万円以下	7,685,617	7,439,674	3,446,530
5	400 万円超 500 万円以下	6,028,296	5,871,718	3,505,782
6	500 万円超 600 万円以下	4,118,329	4,021,145	2,950,851
7	600 万円超 700 万円以下	2,512,744	2,460,914	2,128,607
8	700 万円超 800 万円以下	1,732,178	1,698,540	1,663,754
9	800 万円超 900 万円以下	1,112,457	1,092,889	1,178,410
10	900 万円超 1,000 万円以下	745,296	724,709	840,109
11	1,000 万円超 1,500 万円以下	1,210,630	1,176,045	1,486,619
12	1,500 万円超 2,000 万円以下	219,963	209,866	294,344
	合計	41,278,136	36,486,621	20,428,857

出所） 国税庁『民間給与実態統計調査』より作成。

会保険料控除」「生命保険料控除」「住宅借入金等特別控除」がその例である。これらの控除には、給与所得者によって適用する金額に差がある。

そこで、このような特徴をもつ控除に関しては、控除利用者が平均的な控除金額を利用していると想定する。以下で例を考えよう。表 1.4 には 2012 年の『民間給与実態統計調査』より、各階級の「社会保険料控除」を利用している人員数「社会保険料控除人員」と金額「社会保険料金額」が示されている。

たとえば「500 万円超 600 万円以下」の給与収入階級の給与所得者数は

4,118,329 人で、「社会保険料控除人員」は 4,021,145 人である。「社会保険料金額」は 2,950,851 百万円であるから、「社会保険料金額」÷「社会保険料控除人員」より、利用者は平均で 733,833 円の「社会保険料控除」を利用している。このように、控除金額が制度において定まっていない控除は平均金額を適用した。

以上のような多様な世帯属性をもつ給与所得者のデータを生成し、このデータに所得税制を適用することで、税額を計算する。ある給与収入階級 n に属するある給与所得者 i の給与収入 Y_i^n として、控除利用ベクトル M_i^n を反映すれば、この給与所得者 i が負担する税額 T_i^n は、(5)式のように示される。ここで Φ は所得税関数であり、税率ベクトル t および控除ベクトル d は所得税制として制度で決まっているパラメータである。

$$T_i^n = \Phi(Y_i^n, M_i^n(r_i^n), t, d) \qquad (5)$$

給与所得者 i が負担する所得税額 T_i^n を給与所得者数 I_i^n について集計すれば、(6)式より給与収入階級 n における税額 R^n、(7)式より給与所得者が負担する税額 TR を得ることができる。

$$R^n = \sum_i I_i^n T_i^n \qquad (6), \qquad TR = \sum_n R^n \qquad (7)$$

所得税関数 Φ が示す税額計算の流れは以下の通りである。

(ステップ1)給与収入 Y_i^n から給与所得控除を計算して差し引き、給与所得を得る。

(ステップ2)給与所得から各種の所得控除を計算して差し引き、課税所得を得る。

(ステップ3)課税所得に超過累進税率を適用して算出税額を得る。

(ステップ4)算出税額から税額控除を差し引いて税額 T_i^n を得る。以上の手順にしたがって、ある給与階級 n に属するある給与所得者 i の税額 T_i^n を計算する。

この手順のためには、ある給与収入階級 n に属するある給与所得者 i の給与収入 Y_i^n のデータを与える必要がある。しかしながら、個々の給与所得者がどの程度の給与収入をもっているのかは、『民間給与実態調査』では判明しない。

だが、表1.4にあるように、『民間給与実態調査』には、各給与収入階級の「給与額」が掲載されている。そこで、「給与額」÷「給与所得者数」から平均給与収入を得て、その平均給与収入をひとまず各給与収入階級の給与所得者の給与収入 Y_i^n の「初期値」とした。

平均給与収入の「初期値」を所与として、所得税関数Φより、ある給与所得者 i の税額 T_i^n が得られる。それを集計すれば、各給与収入階級の税額 R^n が計算できる。ところが、ここで得られた各給与収入階級の税額 R^n は、表1.2にある各給与収入階級の「税額」データに合致しない。

そこで、各給与収入階級の平均給与収入 Y_i^n の「初期値」を収束計算によって増額もしくは減額して調整することで、各給与収入階級で計算された税額 R^n を表1.2の給与収入階級別の「税額」データに完全に一致させる。「税額」データに一致するように調整した Y_i^n を基準ケースの給与収入として採用する。

以上の作業で基準ケースのモデルを設定できた。次節では、基準ケースのモデルを用いて、所得控除の税収ロスの試算、限界税率の税率引き上げによる増収額を試算するシミュレーション分析を実施する。

3．所得控除の税収ロスの試算

前節で作成した基準ケースのモデルを用い、本節ではシミュレーション分析を行う。具体的には、ある控除を廃止した場合、どの程度、税収が増加するかを試算する。逆にいえば、その控除が、どの程度、税収ロスを発生しているか。もしくは、給与所得者に対して税の減免による補助金を支給しているか。このような試算を行う。

シミュレーション分析の手順は以下の通りである。まず、基準ケースで得た「税額」を一致させる給与収入データをはじめ、ほとんどのデータは基準データと同じとする。ただし、分析対象となる控除については、控除金額をゼロに置き換える。各給与収入階級の税額 R_0^n を計算すれば、試算結果は基準ケースの税額 R^n よりも増収となる。

(8)式にあるように、基準ケースの税額 R^n と試算結果の税額 R_0^n の差が、控除による税収ロス L^n だと考えられる（$R_0^n > R^n$ なので $L^n > 0$）。また、税収ロス L^n を集計すれば、(9)式のように全体の税収ロス TL を得ることができる。

$$L^n = R_0^n - R^n \quad (8), \qquad TL = \sum_n L^n \quad (9)$$

本章で考察の対象とするのは、社会保険料控除、一般配偶者控除、一般扶養控除の３つの所得控除である。予備的な試算により、これら３つの所得控除の税収ロスが大きいことが選択の理由である。シミュレーション分析では、これらの所得控除の利用がゼロであった場合の税収を計算することで、各所得控除の税収ロスを試算した。

図 1.1 には基準ケースの税額合計 TR に対する控除による税収ロス TL の割合 $TL／TR$ の推移を示している。試算した所得控除のなかで社会保険料控除は最大の税収ロスを生み出しており、それに次いで一般扶養控除、一般配偶者控除となっている。

社会保険料控除の税収ロスは上昇トレンドにあることが特徴である。社会保険料控除は全額控除となっている。少子高齢化が進み、労働者の拠出する社会保険料の負担が大きくなれば、社会保険料控除による税収ロスは大きくなってゆく。

一般扶養控除については 2010 年以前と 2011 年以降で大きな変動がある。この理由は、税制改正によって扶養控除が縮小されたためである。具体的には、年齢 16 歳未満の扶養親族に対する扶養控除が廃止され、扶養控除は年齢 16 歳以上の扶養親族に限定された。

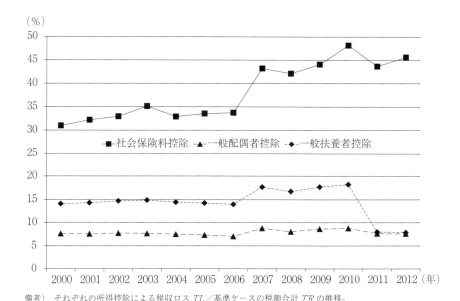

備考）　それぞれの所得控除による税収ロス TL／基準ケースの税額合計 TR の推移。
出所）　筆者作成。

図1.1　税額合計に対する所得控除による税収ロスの割合の推移

　また、2007年以降にすべての控除で税収ロスの割合が増えているのは、2007年から所得税の税率が改正されたためである。表1.1によれば、給与収入が195万円までは限界税率が10％から5％へ低下、695万円超から900万円までは限界税率が20％から23％へ上昇、900万円超から1,800万円までは30％から33％へ上昇、1,800万円超は37％から40％に上昇となっており、ほとんどの給与収入階級において税率の引き上げがなされている。

　所得控除による税収ロスは、控除金額に税率を乗じた部分に相当するために、2007年以降の所得税においては、税収ロスの割合が増加する傾向となった。とはいえ、このような税率変更による所得控除の税収ロスへの影響は、給与収入階級間で異なるものとなる。

　それを知るために図1.2には、2006年と2012年における給与収入階級間の1人あたり所得控除による税収ロス $L^n／K^n$ を示した。一般的に、所得

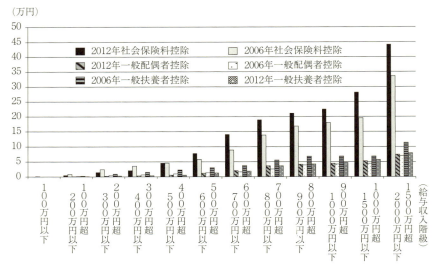

備考） 給与収入階級別の税収ロス L^n／給与所得者数 K^n。
出所） 筆者作成。

図 1.2 給与収入階級間の 1 人あたり所得控除による税収ロス

控除は高い給与収入になるほど給与所得者 1 人あたりの税収ロスが大きい。このことは所得控除が、高所得層に対して相対的に大きな「補助金」を支給する負の所得再分配効果に他ならない。

これには、高所得層ほど所得税の限界税率が高くなることが背景にある。税率の改正にともない、2006 年よりも 2012 年において、1 人あたり税収ロスが大きくなる。ただし、所得控除によっては、高所得層への「補助金」の度合い、もしくは所得再分配効果が異なっている。社会保険料控除がもつ負の所得再分配効果は大きいが、一般扶養控除の負の所得再分配効果は相対的には小さい。

4．税率引き上げによる増収額の試算

　続いて本節では、所得税の税率引き上げによる増収額の試算を行う。所得税改革は、控除と税率を変更することによって行われるが、その変更が税収にどのような影響をもたらすのかを検討しておくことは、所得税改革を考える上で重要である。

　ここでは、各段階の限界税率を１％ポイントだけ引き上げたときに、どの程度の増収が見込まれるかを試算する。各段階の限界税率は表1.1に示している。前述の基本モデルに対して、税率の変更を組み込めば、税率引き上げによる増収を得ることができる。

　(10)式にあるように、基準ケースの税額 R^n と試算結果の税額 R_1^n の差が、限界税率１％ポイント引き上げによる税収増 G^n だと考えられる（$R_1^n > R^n$ なので $G^n > 0$）。また、税収増 G^n を集計すれば、(11)式のように全体の税収増 TG を得ることができる。

$$G^n = R_1^n - R^n \quad (10), \qquad TG = \sum_n G^n \quad (11)$$

　図1.3には基準ケースの税額合計 TR に占める増収 TG の割合 TG/TR の試算結果を示している。第１限界税率の税率１％ポイントの引き上げは、全体の８～９％の増収効果がある。ところが、第２限界税率以降になれば、増収効果は極端に小さくなってゆく。また、2006年よりも2012年の所得税制の方が、税率引き上げによる増収額が大きいことがわかる。

　低い限界税率ほど増収額が大きく、高い限界税率ほど増収額が小さい。このことは、所得税の税率がもつ超過累進構造に原因がある。2012年の所得税制を例にすれば、1,000万円以上の給与所得をもつ給与所得者に適用される限界税率は33％だけではなく、５％から33％までのすべての限界税率が適用される。

　この影響を詳しく見るために、図1.4では税率１％ポイント引き上げによ

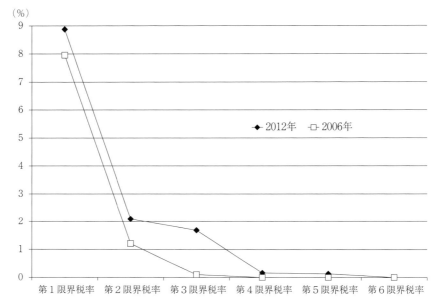

備考） それぞれの税率１％ポイント引き上げによる増収 TG／基準ケースの税額合計 TR。
出所） 筆者作成。

図1.3　税率１％ポイント引き上げによる増収が税額合計に占める割合

る給与所得者１人あたりの負担増 G^n／K^n を図示した。第１限界税率の税率引き上げの効果は、低い給与所得者のみならず、高い給与所得をもつ給与所得者にも及ぶ。しかし、第３限界税率や第４限界税率の税率引き上げの効果は、高い給与所得者に限定される[4]。

第１限界税率の税率１％ポイントの引き上げは、「700万円超800万円以下」まで負担増は増えてゆくが、それ以降の給与収入階級で負担増は一定となる。第２限界税率の税率１％ポイントの引き上げは、第１限界税率の税率１％ポイントの引き上げに比べ、負担増は小さい。第３限界税率の税率１％ポイントの引き上げについては、「1,000万円超1,500万円以下」や「1,500万円超2,000万円以下」の高い給与収入階級で大きな負担増となる。

以上の分析結果より、所得税の税収を増やすには、第１限界税率の税率引

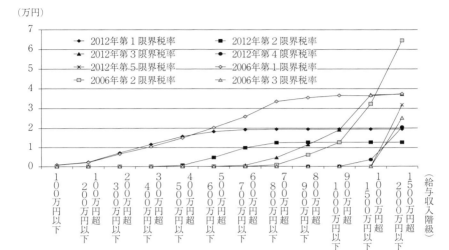

備考) 給与所得者1人あたりの負担増 G''/K''。2012年の第6限界税率と2006年の第4限界税率は省略。
出所) 筆者作成。

図1.4 税率1％ポイント引き上げによる給与所得者1人あたりの負担増

き上げがもっとも適しており、第1限界税率の税率引き上げによる税収調達能力は高い。しかしながら、ほとんどの給与階級において負担増となる。一方、最高税率の引き上げは、高い給与階級の給与所得者に負担増を限定できるものの、税収調達能力が低いというジレンマがある。

5．まとめ

　本章は、所得税の控除と税率が税収に与える影響について考察した。「社会保障と税の一体改革」では、とりわけ消費税が話題となるが、基幹税である所得税の課題についても検討することは重要である。
　本章では、いくつかの所得控除がもつ税収ロスを試算した。『民間給与実態統計調査結果』と所得税制の性質を利用すれば、家計の世帯属性を考慮しつつ、税収構造の決定要因を分解できる。試算した所得控除のなかでは、

「社会保険料控除」「一般扶養控除」「一般配偶者控除」の順番で税収ロスが大きい。また、給与所得者１人あたりの税収ロスは、高所得層ほど所得控除による「補助金」が大きくなる負の所得再分配効果がみられた。

また、所得税の限界税率を１％ポイント引き上げたときの増収額と給与所得者１人あたりの負担額を試算した。第１限界税率は、もっとも税収調達能力が高いが、ほとんどの給与階級に負担増を強いる。高所得層に負担増を限定するならば、高い限界税率の引き上げが妥当だが、税収調達能力が低くなるジレンマがある。

近年は、日本においても所得格差の広がりが指摘されている。また、所得税は、国税の基幹税であるにも関わらず、相次ぐ減税によって、税収が低迷している。所得課税の所得再分配機能を強化し、税収調達能力を高めることは、基幹税としての所得税の復活には重要である。

最高税率の引き上げも、所得税の所得再分配機能の強化には必要ではあるが、より重要なのは所得控除による負の所得再分配効果のあり方を再考することである。所得控除を税額控除に切り替えてゆくことが、所得再分配機能の強化につながる。

また、所得税の税収調達能力を高めるには、第１限界税率の引き上げが効果的である。とはいえ、日本の所得税改革において、税率引き上げを実施することは、政治的には非常に困難であろう。その場合は課税される所得区分（ブラケット）の変更によって対応することが妥当である。ブラケットの変更によって、所得税の所得再分配機能と税収調達能力の強化の実施が、今後の所得税改革において重要となろう。

６．補論：個人住民税の控除が税収に与える影響

所得課税のなかでも、所得税は国税、個人住民税は地方税の基幹税としての役割をになう重要な租税である。給与所得に対する租税としてみたとき、所得税と個人住民税（所得割）の構造は似通っている。給与収入から給与所

得控除を差し引いて給与所得を算出し、給与所得から各種の所得控除を差し引いて課税所得を算出する。課税所得に対して税率を適用して算出税額を得て、ここから控除を差し引いて税額を得る。このプロセスは双方とも同じである。

　現行の個人住民税の税率は超過累進構造ではなく、一律10％（都道府県税6％、市町村税4％）の「比例税」となっている。一般的に個人住民税は「比例税」だとされているものの、厳密に言えば純粋な比例税になっているわけではない。控除による課税最低限の存在で、税率が一律でも平均税率（＝税額／給与収入）が給与収入の増加とともに高まるために、累進税に分類できるからである。とはいえ、個人住民税が「比例税」となったことは、個人住民税の所得再分配効果を弱めたことになる。

　本補論では、本章の分析の枠組みを個人住民税に適用し、個人住民税の控除が税収に与える影響を数量的に示す。表1.5は個人住民税に関して、本章のモデル計算が分析対象にできる各種控除を掲げている。

　表1.3と比較すれば、所得税よりも個人住民税の控除の方が、金額が小さいことがわかる。個人住民税の課税根拠は、地方公共サービスの受益に対する負担を求めることにあり、すなわち負担分任原則もしくは応益課税である。そのため、可能な限り、多くの住民が負担を分任する個人住民税の構築が望ましく、この考え方を背景として、所得税よりも個人住民税の控除の方が小さくなっている。

　税収ロスに関する分析結果は図1.5の通りである。「一般配偶者控除」と「一般扶養控除」については、所得税と個人住民税で税収ロスの程度に大きな違いはない。しかしながら、「社会保険料控除」については、所得税と個人住民税で税収ロスの程度に差が出ている。

　所得控除による税収ロスは、控除金額に税率を乗じた部分に相当する。個人住民税よりも所得税の方が、(1)控除金額が大きいこと、(2)高い給与所得者に超過累進税率を適用することが、分析結果に影響を与えている。この影響は、給与収入階級間で異なる。

表 1.5 分析可能な個人住民税の各種控除

(金額の例は 2012 年税制)

m	控除名	金額 ( ) 内は総額	備考
0	基礎控除	33 万円	全給与所得者に適用
1	一般配偶者控除	33 万円	
2	同居特別障害配偶者控除（上乗せ分）	23 万円（56 万円）	(1)利用が条件
3	老人配偶者控除（上乗せ分）	5 万円（38 万円）	(1)利用が条件
4	同居障害老人配偶者控除（上乗せ分）	27 万円（61 万円）	(1)利用が条件
5	社会保険料控除	全額	
6	配偶者特別控除	最大 33 万円	(1)利用が条件
7	一般扶養控除	33 万円	
8	特定扶養控除（上乗せ分）	12 万円（45 万円）	(7)利用が条件
9	同居老人扶養控除（上乗せ分）	12 万円（45 万円）	(7)利用が条件
10	その他老人扶養控除（上乗せ分）	5 万円（38 万円）	(7)利用が条件
11	同居障害者扶養控除（上乗せ分）	23 万円（56 万円）	(7)利用が条件
12	障害者控除	26 万円	
13	特別障害者控除（上乗せ分）	4 万円（30 万円）	(12)利用が条件
14	寡婦（寡夫）控除	26 万円	
15	特別寡夫控除（上乗せ分）	4 万円（30 万円）	(15)利用が条件
16	勤労学生控除	26 万円	
17	小規模企業共済等掛金控除	全額	
18	生命保険料控除	上限あり	
19	地震保険料控除	上限あり	
20	住宅借入金等特別控除	上限あり	税額控除

出所）筆者作成。

　その程度を知るために、図 1.6 には 2012 年における所得税と個人住民税の給与収入階級間の 1 人あたり所得控除による税収コス L^n / K^n を示した。一般的に、所得控除は高い給与収入になるほど給与所得者 1 人あたりの税収ロスの金額が大きい。特に「社会保険料控除」の税収ロスの金額は他の所得控除に比べて大きい。

　所得税の税率は超過累進構造をもつことから、給与所得者 1 人あたりの税収ロスの金額は、給与所得階級が高くなるにつれて累増する。一方、個人住民税は一律税率であることから、給与所得者 1 人あたりの税収ロスは、給与

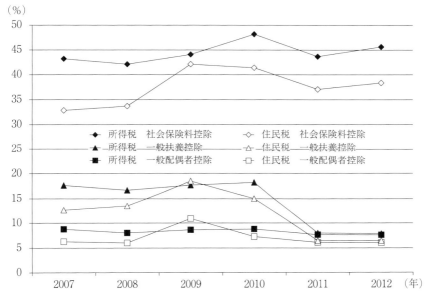

備考） それぞれの所得控除による税収ロス TL／基準ケースの税額合計 TR の推移。
出所） 筆者作成。

図1.5　税額合計に対する所得控除による税収ロスの割合の推移（所得税と個人住民税）

所得階級の高さに対して比例的に大きくなる。

すなわち、所得税の所得控除は高所得層に対して相対的に大きな「補助金」を支給する負の所得再分配効果をもつが、個人住民税の所得控除は負の所得再分配効果が相対的に弱いことを示している。

本補論では、所得税と個人住民税の控除が税収に与える影響について考察した。試算した所得控除のなかでは、「社会保険料控除」「一般扶養控除」「一般配偶者控除」の順番で税収ロスが大きい。特に「社会保険料控除」の税収ロスの割合は上昇トレンドにある。この傾向は所得税も個人住民税も同じである。

また、給与所得者1人あたりの税収ロスは、所得税に関しては高所得層ほ

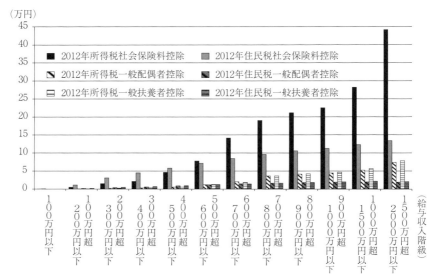

備考） 給与収入階級別の税収ロス L''／給与所得者数 K''。
出所）　筆者作成。

図 1.6　給与収入階級間の 1 人あたり所得控除による税収ロス（所得税と個人住民税）

ど所得控除による「補助金」が大きくなる負の所得再分配効果がみられたが、個人住民税については負の所得再分配効果は相対的に弱い。この結果は、所得税が主に公平性を重視する所得再分配機能、個人住民税が主に地方公共サービスの受益と負担を重視する資源配分機能に沿った所得課税であることが影響している。

注

1）同様の分析を行っている上村（2014a,b）も参照。
2）税収の減収額を試算したものに、橋本（2002）、鈴木（2011）、日高（2011）がある。
3）ただし、所得控除のなかには、他の所得控除の利用が条件となって利用可能となるものも多い。たとえば、表 1.3 にあるように、「同居特別障害配偶者控除（上乗せ分）」の利用は、「一般配偶者控除」の利用が条件となる。これらの条件付き所得控除の存在を考慮するならば、控除利用の組み合わせの数は減少する。
4）2012 年の第 6 限界税率と 2006 年の第 4 限界税率の 1％引き上げも計算したものの、給与階級の最高区分が「2,000 万円以下」であることもあり、増収の試算を得ることができなかった。そのため、図 1.4 の結果からは省略している。

第2章
消費税を含む間接税の所得階級別負担

1．はじめに

　日本の財政は、少子高齢化によって社会保障費が増加し、その財源不足に対処するための巨額の公債発行が長年にわたって続いている。財政の喫緊の課題は、財政再建ならびに社会や経済環境に対応するための財政改革である。これらの問題の財源面での解決策として、消費税の増税の議論が盛んになされ、「社会保障と税の一体改革」において消費税の増税が決定した。「社会保障と税の一体改革」において、消費税はとりわけ注目されている。

　1989年4月に3％の税率で導入された消費税だが、1997年4月に地方消費税を含めた税率が5％、2014年4月に8％に引き上げられた。今後、2017年4月に10％へ引き上げられる予定である。なお、本来は国の消費税と地方消費税を区別するべきだが、特に断らない限り、本書では総称として国の消費税と地方消費税を合わせて「消費税」と呼ぶ。

　消費税については、低所得者層ほど所得に占める税負担が大きくなるという逆進性の問題がたびたび取り上げられる。逆進性に配慮するため、食料品への軽減税率やゼロ税率の採用などの複数税率や低所得者層への消費税の還付といった政策課題も検討されてきた。現実的には、消費税の税率が10％になる段階で、食料品（酒を除く飲食料品）への軽減税率が導入される見通しとなっている。

　その一方で、日本の間接税には、消費税以外の個別間接税も併存している。図2.1には、日本を含むいくつかの先進国の国民所得に占める間接税の負担

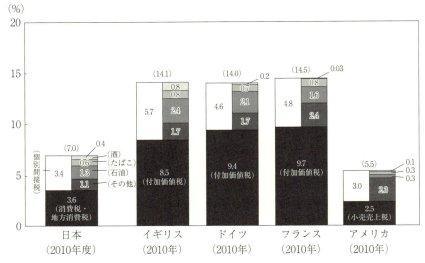

図2.1 国民所得に占める間接税の負担割合の国際比較

出所) 財務省資料「国民所得に占める消費課税（国税・地方税）の割合」より引用。日本は2010年度の実績。諸外国は OECD "Revenue Statistics 1965-2011" および "National Accounts" による。

割合を示している。いずれの国においても、ほとんどの財・サービスに対して課税される消費税、付加価値税、小売売上税とともに、個別間接税も大きなシェアをもっていることがわかる。

図2.1によれば、2010年度の日本における国民所得に占める消費課税の割合は、消費税（地方消費税を含む）が3.6％である。2010年度の消費税の税率は5％であり、消費税の国民所得に占める割合が3.6％であるから、単純な計算を行うと、税率8％ならば5.76％程度、税率10％ならば7.2％程度になると考えられる。ただし、食料品への軽減税率が導入されれば、消費税の国民所得に占める割合は低下する。

一方、個別間接税の国民所得に占める割合は3.4％となっている。すなわち、5％の税率をもつ消費税と同程度の大きさの負担をもつ。イギリス、ドイツ、フランスでも、個別間接税の国民所得に占める割合は、5％程度と大

きい。

　そのため、家計の間接税負担を考える際には、消費税のみを対象とするのではなく、個別間接税の負担の状況も把握しておく必要がある。消費税のみについて逆進性を問題視することは、個別間接税を考慮できておらず、不十分である。

　家計の間接税負担を計測した先行研究には、林・橋本(1993)と上村(2006)がある[1]。しかしながら、これらの先行研究は、代表的な家計の間接税負担に注目するものの、所得階級別の負担まで考慮していない。逆進性を考察するには、所得階級別の間接税負担に着目しなければならない。

　そこで本章では、所得階級別に個別間接税と消費税の負担を計測し、個別間接税を含めた間接税負担の構造を浮き彫りにする[2]。これによって、今後の消費税を含めた間接税体系の政策的なあり方について考察する。

　本章の構成は次のとおりである。第2節では家計が負担する間接税制度の概要を述べる。第3節では、所得階級別の間接税負担を推計する。第4節では、推計された所得階級別の間接税負担の状況を評価する。第5節では、近年に議論されている食料品への軽減税率もしくはゼロ税率といった複数税率の政策課題について検討する。

2．間接税制度の概要

　本節では間接税制度の概要について、国税と地方税に分類して説明する。本章が分析で扱うデータは2012年度が最新であることから、原則的には2012年度の間接税制度について記述する。なお、消費税については、2014年4月に税率が8％に引き上げられたが、分析対象のデータは2012年度が最新であることから、以下の説明では5％の税率をもつ消費税を念頭に置く。また、本章の目的は家計の間接税負担にあるから、家計が負担すると考えられる間接税制度の概要の記述に限定する。

2.1 国税の間接税制度

第 1 は消費税である。取引が生じたときに課税がなされ、流通過程における各段階の事業者が納付を行う。納付税額は、課税売上高に対して、税率を乗じた金額から、仕入れ時に支払った税額を控除して得られる。仕入れ税額控除を行うために、帳簿と請求書額の保存を必要とする請求書等保存方式が採用されている。

なお、1997 年 4 月から 2014 年 3 月末までは、地方消費税の納付税額は、消費税の納付税額に地方消費税の税率 25％（＝100 分の 25）を乗じることで得られ、国の消費税の税率 4％と合わせた税率は 5％となっていた。2014 年 4 月以降は、国の消費税の税率は 6.3％となり、消費税の納付額に地方消費税の税率 63 分の 17 を乗じた 1.7％と合わせて 8％となった[3]。

消費税には、中小企業に対する特例措置として、事業者免税点制度と簡易課税制度が設けられている。事業者免税点制度では、1 年間の課税売上高が 1,000 万円以下の事業者は納税義務が免除となる。一方、簡易課税制度は、1 年間の課税売上高が 5,000 万円以下の事業者が対象となり、売上げにかかる税額に対してみなし仕入率を乗じて仕入税額を計算できる[4]。

事業者免税点制度では納付が免除されるために益税の発生が指摘されている。簡易課税制度についても、みなし仕入率が実際の仕入率よりも高い場合は、その差に相当する部分の税額が益税となる可能性がある。益税とは、優遇措置がなければ納付されていたはずの税額が、あたかも利益のように事業者の手元に残ってしまうことである。

ただし、過去の制度に比べれば、改正が進むことによって益税問題は徐々に縮小している[5]。また、消費税はすべての財・サービスに課税されているわけではなく、消費税の性格から非課税とされる取引と社会政策的な配慮から非課税とされる取引が非課税取引として指定されている[6]。

第 2 に酒税がある。酒税は種類によって税率が異なる。たとえば、1 リットルあたりの税率は、ビールは 220 円、清酒は 120 円、焼酎は 200 円、果実酒は 80 円、ウィスキー類は 370 円などとなっている。また、発泡酒は麦芽

の比率によって税率が異なり、麦芽比率25％以上50％未満で178.125円、25％未満で134.25円である。

第3に国たばこ税がある。たばこ1箱（20本）あたりの税率は106.04円である。さらに、たばこ特別税が同様に課税され、税率は16.40円となっている。

第4にエネルギー関連の間接税がある。揮発油税はガソリン1リットルにつき48.6円の税率、地方揮発油税は5.2円である[7]。自動車重量税は自家用の乗用車重量0.5トンごとに年5,000円となっている。その他のエネルギー関連の税制として電源開発促進税があり、販売電気1,000キロワット時について400円程度の課税がなされている。

2.2　地方の間接税制度

地方にもたばこ税がある。たばこ1箱（20本）あたりの税率は、道府県たばこ税は21.48円、市町村たばこ税は65.96円となっている。なお、2013年4月からは、道府県たばこ税は17.20円、市長村たばこ税は105.24円となっているが、合計の負担は変わっていない。

自動車関連税は、取得段階の自動車取得税を間接税としてとらえる。自動車取得税は自動車の取得価額に対して自家用車は5％（営業用は3％）、軽油引取税は軽油1リットルにつき32.1円が課税される。ゴルフ場利用税は1人1日につき800円、入湯税は1人1日につき150円が標準税率となっている[8]。

2.3　所得階級別の間接税負担の推計

本節では、所得階級別の間接税負担の推計方法について解説する。推計には、総務省統計局『家計調査』、『全国消費実態調査』、『国勢調査』、『接続産業連関表』、『地方財政白書』、国税庁『国税庁統計年報書』などのデータを利用する。また、推計期間は2001年度から2012年度の12年間とした。

林・橋本(1993)、村澤・湯田・岩本(2005)、上村(2006)といった先行研究

と同様に、間接税実効税率 τ_{ij} を次の式によって計測する。なお、所得階級の添え字 i、消費費目の添え字 j とする。

所得階級 i の家計の消費費目 j に対する間接税実効税率 τ_{ij}
 = （所得階級 i の消費費目 j に対するマクロの税収 R_{ij}
 ／所得階級 i の消費費目 j のマクロの家計消費 C_{ij}）× 調整係数
(1)

ここで消費費目とは、『家計調査』の10大消費項目を想定している（$j=1,\cdots,10$）。また、所得階級は『家計調査』の十分位階級を想定している（$i=1,\cdots,10$）。以下では、所得階級別の間接税負担率を計測する手順の概略を述べよう。

間接税実効税率 τ_{ij} は、所得階級 i が負担する消費費目 j のマクロの税収 R_{ij} を、その所得階級 i の消費費目 j のマクロの家計消費 C_{ij} で除算した値を基本とする。しかしながら、『家計調査』などから積み上げて求めた税収が、実際のマクロの税収とは一致しない問題があり、単純に間接税実効税率 τ_{ij} を計測できない。このことは、一方のデータがサンプル調査であることなどの要因が関わっている。そこで、村澤・湯田・岩本(2005)が提示したように調整係数を考慮する。

また、いくつかの個別間接税は、家計のみならず企業も負担している。それらの個別間接税については、『接続産業連関表』から家計負担割合を抽出することで、家計の負担部分を計測する。

さらに、計測された間接税実効税率 τ_{ij} より、逆進性をみるために間接税負担率 β_{ij} を推計する。以下からは、次のステップに分けて、間接税負担率の推計手順を述べてゆく。

（ステップ１）所得階級別のマクロの家計消費の推計
（ステップ２）所得階級別マクロの税収の10大消費費目への振り分け
（ステップ３）家計負担割合の推計

（ステップ４）所得階級別の消費費目別の間接税実効税率 τ_{ij} の調整
（ステップ５）所得階級別の消費費目別の間接税負担率 β_{ij} の推計

まず、間接税実効税率 τ_{ij} の分母にあたる所得階級 i の消費費目 j に対するマクロの家計消費 C_{ij} を推計する。『家計調査』「１世帯当たり年間の品目別支出金額（全世帯）」より、十分位別の 10 大消費費目別の「消費支出」「年間収入」を得ることができる。10 大消費費目別消費支出が、間接税実効税率の定義にある個々の消費費目 j に該当する。消費費目別の消費支出の内訳は以下の通りである。

所得階級 i の「消費支出」
　＝「食料」＋「住居」＋「光熱・水道」＋「家具・家事用品」
　　＋「被服及び履物」＋「保健医療」＋「交通・通信」
　　＋「教育」＋「教養娯楽」＋「その他の消費支出」　　　　(2)

上記の「消費支出」には、消費税の非課税消費支出も含まれているため、以下の項目を考慮する。

所得階級 i の消費税の非課税消費支出
　＝「家賃地代」（住居）＋「保健医療サービス」（保健医療）
　　＋「授業料等」（教育）　　　　　　　　　　　　　　　(3)

以上で得られたデータは暦年のため、年度データに変換する。たとえば、2001 年度の年度データは、2001 年の暦年データの４分の３と、2002 年の暦年データの４分の１を足し合わせることで得ることができる。この理由は、間接税の税収は暦年ではなく年度をベースにして徴収されているためである。また、月額のため 12 倍することで年額へと改める。

次に、『国勢調査』「世帯の種類別世帯数及び世帯人員──全国、都道府県」より、「普通世帯」の「世帯数」「総数」を得る。『国勢調査』は５年おきに行われる。データのない４年間は、線形補完することより、推計期間の

2001年から2012年までの各年の世帯数総数が推計される。また、所得階級別世帯数データは集計されていないため、『国勢調査』で得られた世帯総数を10分の1することで、各所得階級の世帯数とする。

以上より、『家計調査』から得られた年度の消費費目別の所得階級別の家計消費データに、『国勢調査』から得られた各所得階級の世帯数総数を乗じることで、消費費目別の所得階級別のマクロの家計消費 C_{ij} が推計できる。これが間接税実効税率 τ_{ij} の分母になる。

次に、間接税実効税率 τ_{ij} の分子に相当する所得階級別の消費費目別のマクロの税収 R_{ij} のデータを推計する。国税は、『国税庁統計年報書』「租税及び印紙収入決算額」より、一般会計および特別会計の税収データを利用する。地方税は、総務省編『地方財政白書』から、道府県民税および市町村民税の税収データを利用する。

ここでは、所得階級別の消費費目別の間接税負担を測定するために、所得階級別のマクロの税収データを消費費目に振り分ける作業が必要となる。そのため、ある間接税制度の税収を、それぞれの消費費目に按分する。ほとんどの財・サービスに対して課税されている消費税については、『家計調査』から非課税消費支出を控除した所得階級別の消費費目を用いた消費シェアによって消費費目に割り当てる。所得階級別の消費シェアは、各分位の各消費費目の家計消費データを全体の各消費費目の家計消費データで除算することで求められる。

表2.1には、それぞれの間接税の税収を10大消費費目に振り分ける方法について一覧している。

揮発油税、地方道路税、軽油取引税、電源開発促進税、自動車取得税については、家計負担だけでなく企業負担も考えられる。そのため、『接続産業連関表』により、間接税の家計負担割合を測定することで、家計負担となる税収を抽出する。

『接続産業連関表』は5年ごとに報告されている。データのない4年間は、線形補完することより推計する。しかしながら、2006年以降のデータは存

表 2.1　間接税の種類と税収の 10 大消費費目への振り分け方法

	10 大費目への振り分け
国税（一般会計）	
消費税および地方消費税	『家計調査』より非課税消費を控除した所得階級別家計の消費シェアにより 10 大費目に按分
酒税	「食料」
たばこ税	「その他の消費支出」
揮発油税	『接続産業連関表』により家計負担分を抽出し、「交通・通信」
国税（特別会計）	
地方道路税	『接続産業連関表』により家計負担分を抽出し、「交通・通信」
電源開発促進税	『接続産業連関表』により家計負担分を抽出し、「光熱・水道」
揮発油税	『接続産業連関表』により家計負担分を抽出し、「交通・通信」
たばこ特別税	「その他の消費支出」
都道府県民税	
道府県たばこ税（道府県たばこ消費税）	「その他の消費支出」
ゴルフ場利用税（娯楽施設利用税）	「教養・娯楽」
特別地方消費税（料理飲食等消費税、遊興飲食税）	「食料」
自動車取得税	『接続産業連関表』により家計負担分を抽出し、「交通・通信」
軽油引取税	『接続産業連関表』により家計負担分を抽出し、「交通・通信」
市町村民税	
市町村たばこ税（市町村たばこ消費税）	「その他の消費支出」
入湯税（目的税）	「教養・娯楽」

出所）　筆者作成。

在しないため、2005年の家計負担割合と同じとする。

「生産者価格」「名目値」「取引額」のデータより、家計負担割合を(4)式で定義する。

家計負担割合 ＝ 「家計消費支出」／（「国内需要合計」－「在庫純増」）
(4)

ここで「在庫純増」は下記の式によって得られる。

「在庫純増」＝「生産者製品在庫純増」＋「半製品・仕掛品在庫純増」
　　　　　　＋「流通在庫純増」＋「原材料在庫純増」　　　(5)

また、自動車取得税は、『接続産業連関表』の「乗用車」と「トラック・バス・その他の自動車」という2つの項目を考慮するため、下記の式によって家計負担割合を得ている。

自動車取得税の家計負担割合
　＝{「乗用車」の「家計消費支出」× 5 ％／（1.0＋ 5 ％）＋「トラック・バス・その他の自動車」の「家計消費支出」× 3 ％／（1.0＋ 3 ％）}／{(「乗用車」の「国内需要合計」－「乗用車」の「在庫純増」)× 5 ％／（1.0＋ 5 ％）＋(「トラック・バス・その他の自動車」の「国内需要合計」－「トラック・バス・その他の自動車」の「在庫純増」)× 3 ％／（1.0＋ 3 ％）}
(7)

ここでは、自家用車の自動車取得税の表面税率5％、営業用および軽自動車の自動車取得税の表面税率3％を利用している。

以上の手続きをもとに推計された家計負担割合を図2.2に示した。

これまでの作業により、2001年度から2012年度にわたって、所得階級別の消費費目別に間接税の税収を振り分けた。所得階級別の消費費目別のマクロの消費 C_{ij} を分母にして、所得階級別の消費費目別の間接税収 R_{ij} を分子にすれば、調整前の間接税実効税率が得られる。

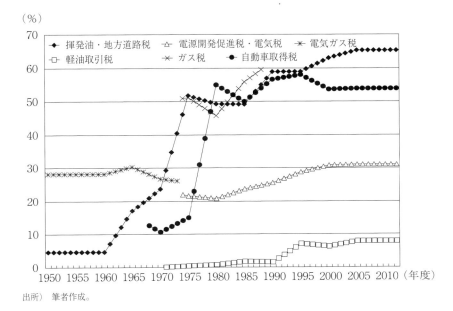

図2.2 家計負担割合の推計結果

　間接税実効税率の分母のマクロの消費は、『家計調査』をベースに推計されているが、『家計調査』の消費データはマクロの消費データに比べて過小であることが知られている[9]。そこで、次式のように、調整係数を計算し、調整前の間接税実効税率に乗じることで、マクロの消費に合わせる。調整係数の測定に関しては、村澤・湯田・岩本(2005)を参考にした。

調整係数
　　＝表面税率から得られた消費税実効税率／推計された消費税実効税率
　　　　　　　　　　　　　　　　　　　　　　　　　　　　　　　(8)

　上式の「表面税率から得られた消費税実効税率」は、国税の消費税率が4％で地方消費税の税率が1％の場合、合計した表面税率5％を用いて4.762％（＝5％／（1＋5％））となる。また、「推計された消費税実効税

率」とは、これまでの作業によって得られた消費税以外の間接税を除外して推計された消費税のみの実効税率（＝所得階級 i の消費費目 j に対するマクロの消費税収／所得階級 i の消費費目 j のマクロの非課税項目を除外した家計消費）である。

調整係数が1の場合、『家計消費』の消費データはマクロの消費データと一致する。しかし、実際の調整係数は1にはならず、0.5程度の数値となる[10]。消費税に注目することで得られた調整係数であるが、『家計調査』の消費データとマクロの消費データの乖離は、すべての間接税に影響を与えていると考えられる。

そのため、調整係数を(1)式に適用し、所得階級別の消費費目別の間接税実効税率 τ_{ij} を推計する。なお、消費税に関して言えば、調整後の消費税のみの間接税実効税率は、「表面税率から得られた消費税実効税率」に等しくなる。

さて、所得階級別の間接税負担について、逆進性が発生しているかどうかを検討するには、所得と税負担の関係を調べなければならない。これまでの作業によって、所得階級別の消費項目別の間接税実効税率 τ_{ij}（調整済み）を計測できた。これを利用することで、下記のように所得階級別の消費費目別の間接税負担率 β_{ij} を求めることができる。

所得階級別の消費費目別の間接税負担率 β_{ij}

$\quad$ ＝所得階級別の消費費目別の間接税実効税率 τ_{ij} ×所得階級別の消費費目別の『家計調査』の消費データ／所得階級別の『家計調査』の年間収入 Y_i
$\hfill$ (9)

なお、消費費目を集計した所得階級別の間接税負担率 γ_i は、下記の式によって得られることになる。

所得階級別の間接税負担率 γ_i
= Σ_i（所得階級別の消費費目別の間接税実効税率 τ_{ij}× 所得階級別の消費費目別の『家計調査』の消費データ）／所得階級別の『家計調査』の年間収入 Y_i (10)

3．所得階級別の間接税負担の状況

前節までで求められた所得階級別の間接税負担率 γ_i を図示したのが図 2.3 である。2001 年度から 2012 年度までのすべての年度について図示していないが、推計期間内では大きな税制改正を行っていないため、年度による差異は特に見られない。図 2.3 においては、間接税全体、消費税、個別間接税に

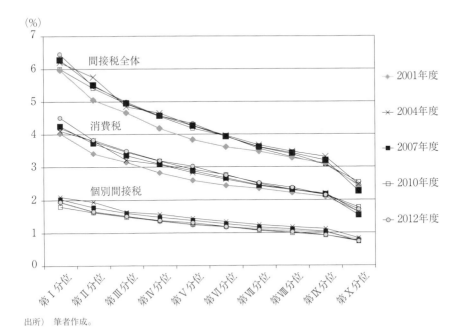

出所）筆者作成。

図 2.3　所得階級別の間接税負担率

ついて、所得階級別の間接税負担率が示されている。

全体的な傾向として、低所得階級は間接税負担率が相対的に高い。間接税全体の間接税負担率は、第Ⅰ分位は第Ⅹ分位のそれに比べて3倍程度の大きさである。したがって、個別間接税を含めた間接税全体でも逆進性が認められることになる。

消費税と個別間接税の間接税負担率に注目すれば、消費税の方が個別間接税よりも間接税負担率が高い。消費税と個別間接税の国民所得に占める割合はほぼ同じであるが、個別間接税は家計負担割合を考慮しているために、企業負担部分だけ家計の間接税負担率が低くなっている。

また、個別間接税よりも消費税の方が、間接税負担率の折れ線グラフは、第Ⅰ分位から第Ⅹ分位にかけて急に下がる。このことは、個別間接税よりも消費税に逆進性の比重が大きいことを示している。

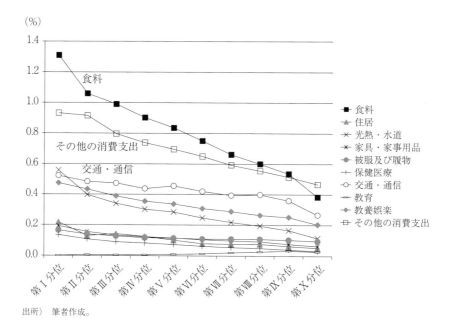

出所) 筆者作成。

図2.4　所得階級別・消費費目別の消費税負担率（2012年度）

年度間に大きな差が見られないことから、以下からは2012年度のデータをもとに検討をしてゆこう。続いて図2.4には、所得階級別の消費費目別の消費税についての間接税負担率を示している。

消費費目別に間接税負担率をみることで、どの消費費目にかかる消費税が逆進性をもっているかを知ることができる。図2.4によれば、「食料」「その他の消費支出」に対する消費税の間接税負担率の折れ線グラフが、第Ⅰ分位から急に降下しており、逆進性が相対的に高いことがわかる[11]。

「その他の消費」については、種々雑多な消費が混在しているために評価が困難である。一方、「食料」の消費税が大きな逆進性をもつことについては、低所得者層に対して何らかの負担軽減策を検討される理由になるだろう。

図2.5は、消費費目別の個別間接税の負担率である。図2.4と比較するために、図2.5の縦軸の単位をそろえている。消費税と同様に、ほとんどの消

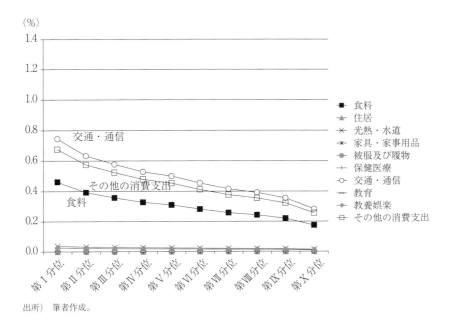

出所）筆者作成。

図2.5 所得階級別・消費費目別の個別間接税負担率（2012年度）

費費目において逆進性が見られる。ただし、図 2.4 の消費税負担率の方が、図 2.5 の個別間接税の負担率よりも大きいことがわかる。

「交通・通信」については、消費税よりも個別間接税の負担割合が高い。これは、揮発油税などの個別間接税の負担である。また、「食料」の個別間接税の負担率が、他の消費費目に比べて高いが、酒税の負担が影響している。「その他消費支出」については、たばこ関連の税負担が負担率を押し上げている。

4．消費税率引き上げが間接税負担率にもたらす影響

以上までが、日本における所得階級別の消費税を含む間接税負担率の状況であった。消費税については、社会保障財源の確保もしくは財政再建のため、税率の引き上げがなされている。そこで、本章の分析の枠組みを用いて、消費税の税率引き上げが、家計の間接税負担率にもたらす影響について考察する。ここでは、特に消費税の逆進性の問題について検討しよう。

図 2.6 では、2012 年度の所得階級別の間接税負担率を基準として、いくつかの消費税に関する政策パターンについて試算を行った。図 2.6 には、以下のケース A からケース E までの 5 パターンの間接税負担率が示されている。基準となるケース A が消費税の税率 5 ％の場合であり、ケース B からケース E が、消費税率を 10％に引き上げる場合の所得階級別の間接税負担率である。

ここで、消費税の増税においては、逆進性の問題が指摘されることから、「食料」の軽減税率やゼロ税率、さらには部分的な還付のパターンを想定した[12]。ここでの「食料」には酒が含まれるものの、分析結果に大きな影響はないことを付記しておく。

　　ケース A）消費税 5 ％ ＋ 個別間接税（現行）
　　ケース B）消費税 10％ ＋ 個別間接税（現行）

第2章 消費税を含む間接税の所得階級別負担 53

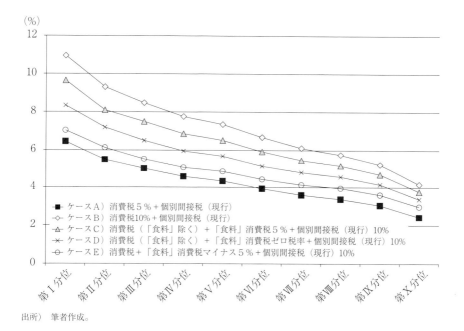

出所) 筆者作成。

図2.6 消費税率の引き上げの場合の所得階級別の間接税負担率

ケースC）消費税（「食料」除く）10％＋「食料」消費税5％＋個別間接税（現行）

ケースD）消費税（「食料」除く）10％＋「食料」消費税ゼロ税率＋個別間接税（現行）

ケースE）消費税10％＋「食料」消費税マイナス5％＋個別間接税（現行）

　当然ながら、増税が大きいほど消費税の逆進性の程度は大きくなる。特に、ケースB、ケースC、ケースDにおいては、第Ⅰ分位から他の分位にかけた折れ線グラフの降下の程度が、他のケースと比較して急である。

　また、「食料」への消費については、逆進性の緩和のために、軽減税率や

ゼロ税率を適用すべきという政策を考える[13]。そこでケースCは、「食料」への軽減税率として、5％に消費税率を据え置く場合を想定する。さらにケースDは、「食料」のゼロ税率を想定している。しかしながら、ケースDの間接税負担率から見られるように、「食料」に対してゼロ税率を適用したとしても、逆進性はそれほど緩和できない。

そこで、さらなる逆進性緩和の一案として、「食料」の消費税率5％をマイナスとするケースEでは、「食料」に対する消費税率の負担の5％部分を家計に還付するケースを推計した。他のケースと比較すると、第Ⅰ分位から他の分位への折れ線グラフの降下の程度はゆるやかであり、逆進性は、やや緩和していることが分かる。しかしながら、基準となるケースAと比較すると、どの階級にとっても負担は高まることが見られた。

さらに、間接税制全体の評価を行うため、各ケースにおけるジニ係数の改善度を求め、再分配効果を計算した。再分配効果は、以下の式である。

再分配効果（％）
　　＝100×{「年間収入」のジニ係数－（「年間収入」－間接税負担額）のジニ係数}／（「年間収入」－間接税負担額）のジニ係数　　（11）

ここでも、再分配効果がマイナスの値をとるのは、間接税制が逆進性を持つためである。表2.2より、もっとも逆進的なのは、消費税率を10％に引き上げるケースBである。この逆進性を緩和するために、ケースCやケー

表2.2　所得階級別の間接税制の再分配効果

A	消費税5％＋個別間接税（現行）	−1.52％
B	消費税10％＋個別間接税（現行）	−2.62％
C	消費税（「食料」除く）10％＋「食料」消費税5％＋個別間接税（現行）	−2.23％
D	消費税（「食料」除く）10％＋「食料」消費税ゼロ税率＋個別間接税（現行）	−1.88％
E	消費税10％＋「食料」消費税マイナス5％＋個別間接税（現行）	−1.52％

出所）　筆者作成。

スDのように「食料」への軽減税率やゼロ税率を考察しているが、ジニ係数の改善度のマイナスを、大幅に変えることはできていない。

さらに、ケースEのような還付を行ったとしても、基準となるケースAの改善度よりも逆進性が高くなっている。以上のことは、軽減税率やゼロ税率、さらには還付が、低所得者層だけでなく、高所得者層にも恩恵を与えるからである[14]。したがって、消費税率の引き上げによる逆進性の緩和を目指すならば、あらゆる所得階級に等しく適用されてしまう軽減税率やゼロ税率、または還付といった政策を採るのではなく、低所得者層にターゲットを絞った政策が必要となるだろう。

5．まとめ

本章では、所得階級別に個別間接税と消費税の負担を計測することで、個別間接税を含めた間接税負担の構造をみてきた。

分析結果は、以下にまとめられる。第1に、低所得階級は間接税負担率が相対的に高く、第Ⅰ分位と第Ⅹ分位を比較すると、間接税全体の間接税負担率は、第Ⅰ分位は第Ⅹ分位の3倍程度の大きさがあった。このことから、個別間接税を含めた間接税全体でも逆進性が認められることがわかった。

第2に、個別間接税よりも消費税に逆進性の比重が大きいことがわかった。特に「食料」に対する消費税の間接税負担率は、第Ⅰ分位がもっとも高く、逆進性が相対的に高いことを示した。そのため、「食料」の消費税が逆進性をもつことについては、低所得者層に対して何らかの負担軽減策を検討される必要があるかもしれない。

第3に、個別間接税の負担を見ると、「交通・通信」については、消費税よりも個別間接税の負担割合が高いことが分かった。これは、揮発油税などの個別間接税の負担が要因である。

最後に、消費税の増税が、家計の間接税負担率にもたらす影響について考察した。いくつかの政策パターンの推計によれば、増税が大きいほど逆進性

は高まる。また、再分配効果の推計から、消費税率の引き上げは、逆進性を緩和させる政策を採用したとしても、どの所得階級にもマイナスの再分配を与えてしまう。それは、逆進性を軽減させるための、軽減税率やゼロ税率、さらには還付といった政策が、低所得者層だけでなく、高所得者層にも恩恵を与えるからである。

消費税の増税にともなう逆進性を軽減するには、あらゆる所得階級に等しく適用されてしまう単純な軽減税率を採用するのではなく、低所得者層にターゲットを絞った政策の組み合わせが必要である。

「社会保障と税の一体改革」においては、消費税の税率の引き上げによって得られる税収の増分は、社会保障費に活用することになっている。この点も踏まえて考えれば、消費税の軽減税率によって所得再分配を実施するよりも、社会保障によって所得再分配を実施する方が、所得再分配政策はより効率的になる。軽減税率の導入ではなく、たとえばマイナンバー制度の活用により、ターゲット効率性の高い給付を合わせた政策が重要である。

注
1）上村（2006）は消費税が導入される以前の個別間接税であった物品税について、家計の間接税負担率を計測している。
2）本章は、齋藤・上村（2011）の分析を新しいデータを用いて更新したものである。
3）2017年4月以降は、国の消費税の税率7.8％に地方消費税の税率78分の22を乗じた2.2％を合わせて10％となる予定である。
4）みなし仕入率は、第1種事業（卸売業）90％、第2種事業（小売業）80％、第3種事業（製造業等）70％、第4種事業（その他の事業）60％、第5種事業（サービス業等）50％となっている。
5）本来、消費税は企業が負担する税ではなく、消費者が負担する税である。ところが、消費税導入の経緯により、中小企業に対する優遇措置が講じられた。本章では企業は消費者に消費税の負担を転嫁するという想定で分析を実施する。
6）前者には土地、有価証券、貸付金等の利子、郵便切手、印紙、行政手数料などがあり、後者には健康保険法や介護保険法にもとづくサービス等、社会福祉事業法にもとづく事業等、助産、埋葬料や火葬料、一定の学校の授業料等、教科書図書、住宅の貸付といったものがある。
7）2007年度以前の名称は地方道路税である。
8）その他に地方自治体の独自課税による間接税があるが、非常に多岐にわたっており、税収も大きくないために本章では取り上げない。
9）岩本・尾崎・前川（1995, 1996）を参照。たとえば、帰属家賃などの問題がある。

10) 上村(2006)および齋藤・上村(2011)の推計でも、2000年度以降の調整係数は0.5程度となっている。
11) なお、2012年度の『家計調査』における十分位階級の「年間収入」は以下の通りである。第Ⅰ分位：126万円、第Ⅱ分位：214万円、第Ⅲ分位：279万円、第Ⅳ分位：337万円、第Ⅴ分位：396万円、第Ⅵ分位：465万円、第Ⅶ分位：546万円、第Ⅷ分位：654万円、第Ⅸ分位：813万円、第Ⅹ分位：1317万円。
12) ケースEは、「食料」に対する消費税の負担の5％部分を家計に還付するケースで、カナダの売上税の還付制度を想定しているが、カナダの売上税とは異なり還付に所得制限を設けていない。
13) 2017年4月に実施される消費税の税率10％の引き上げ時点で、軽減税率の導入が見込まれている。対象品目としては、(1)酒以外の飲食料品、(2)生鮮食品、(3)精米の3案が候補となっている。本章のシミュレーション分析では、これらのケースを厳密に想定してはいないものの「食料」への軽減税率がもたらす経済効果をおおむね把握することは可能である。
14) ターゲット効率性によれば、垂直的効率性が低いことになる。還付を所得制限で実施すれば、垂直的効率性は改善できる。

第 3 章
法人実効税率の引き下げが設備投資に与える影響

1. はじめに

　バブル経済が崩壊した 1990 年代後半以後、常に経済活性化の課題だとされてきた法人実効税率の引き下げ論は、景気の低迷にともなう法人関連税収の落ち込みとともに、議論は下火になっていた[1]。

　ところが、2012 年 12 月に民主党政権から政権を奪取した自民党・公明党の連立政権による経済運営が開始されると、日本銀行が大規模な金融緩和を実施したことも相まって、円安の恩恵を受ける大企業を中心とした企業の業績が回復する。その結果としての法人関連税収の回復基調をもとに、税制改正において法人実効税率の引き下げが実施され、2015 年度において法人実効税率は 30% 台前半にまで低下している[2]。

　他国に目を向けても、ここ 10 年間の間に、法人実効税率の引き下げを実施した国は多い。特にヨーロッパ諸国では、法人実効税率の引き下げ競争がなされてきた[3]。また、日本の企業が実質的に競争相手となっているアジア諸国でも、法人実効税率の引き下げがみられる[4]。

　特に法人課税は大企業からの税収が大きいと同時に、マクロ経済の設備投資に占める大企業の設備投資も大きい。財政の側面からは税収確保が重視され、一方では設備投資を促進するための税制改革の必要性が叫ばれる。また、地方自治体の法人課税の税収は不安定であり、地方財政を悩ませている。

　30% 台前半まで引き下げられた法人実効税率だが、政府はさらなる引き下げを実施する方針をもっている。法人実効税率は、OECD 諸国の平均が

25％、アジア諸国の平均は22.5％であり、他国の動向を見ながらの税制改正が今後もなされると考えられる。当然ながら、日本の財政状況は芳しくないため、法人実効税率の引き下げには、何らかの財源確保も求められる。

「社会保障と税の一体改革」では、法人所得課税の議論は切り離されがちである。しかしながら、厳しい財政状態のなかでは、財政再建をはじめ、いかに財源を確保するかという根幹にある問題は共有しており、同時に考えることが必要である。特に、単純な法人実効税率の引き下げは、税収のロスをともなうだけに、それだけの政策的な効果があるかどうかが問われなければならない。なぜ、法人実効税率を引き下げるのかの精査が必要である。

国の法人税、法人住民税法人割、事業税の所得割といった法人所得への課税の議論において常に浮上するのが、税率の引き下げが企業の設備投資を促進するという主張である。しかしながら、理論的にはともかく、税率引き下げが設備投資を促進するかどうかは、実証的な分析を必要とする。特に実証分析においては、次の4つの視点が重要だと考えられる。

(a)　企業だけでなく、家計の税制を考慮していること。
(b)　設備投資の資金調達の違い（負債、新株発行、内部留保）を考慮していること。
(c)　限界実効税率の動向と資本コストの設備投資への影響に注目していること。
(d)　個別企業を分析し、分析結果の分布の形状と歴史的な変遷に着目していること。

第1に、投資家が家計であることを考えれば、企業の税制だけでなく、家計の税制を考慮することが望ましい[5]。第2に、設備投資のための企業の資金調達手段には、負債、新株発行、内部留保の3つのチャネルがあることが考慮される必要がある。第3に、設備投資に影響を与える資本コストと限界実効税率に着目すべきである[6]。第4に、マクロや産業レベルの分析で

は、集計化によって個別企業の特徴がかき消される恐れがあるために、分析対象を個別企業とすることが望ましい。

後に示すように限界実効税率は、税込み資本コストと税抜き資本コストの乖離である「税のくさび」を、税抜き資本コストで除算することで算出される。理論的には、限界実効税率が高いほど、設備投資が抑制される。しかしながら、これは理論的な帰結であって、どの程度抑制されるかは、実証的に検証されなければならない。

本章の視点は、分析結果の分布の推移に着目することにある。特に、限界実効税率や限界実効税率が投資率に与える影響について、年代ごとの分布に着目することで、今後の法人所得税のあり方について考察する。

以上のように、上記の(a)〜(d)までの4つの特徴をもつのが本章の分析である。税制を考慮した資本コストを計測した研究は数多くなされてきたが、少なくとも日本においては、これらの4つの特徴をすべて兼ね備えた分析は行われていない[7]。

たとえば、岩田・鈴木・吉田(1987)は産業別と資産別の資本コストを計測している。岩本(1989,1991)はマクロの限界実効税率、田近・林・油井(1989)は産業別の資本コスト、林田(2009)は中小法人税制に関する限界実効税率を計測している。また、田近・油井(1998)は、設備投資の資金調達の手段を考慮し、産業別に資本コストを計測している。

これらの研究では、個別企業を分析対象としていない。なお、鈴木(2001)や清水谷・寺井(2003)は、個別企業のデータから資本コストを計測して投資関数を推計しているが、法人所得税に分析の焦点を絞った研究ではない[8]。

本章の構成は以下の通りである。続く第2節ではモデルを提示して、第3節では利用したデータについて解説する。第4節と第5節は分析結果を示して解釈を与える。最後の第6節は本章で得られた結果を要約し、今後の法人所得税のあり方について考察する。

2．法人課税と資本コストのモデル

本節ではモデルを提示する。基本的には田近・油井(1998)のモデルを踏襲するが、上村・前川(2000)のモデルを参考にして法人事業税所得割や法人実効税率の組み込み、個別企業のデータに適用させる工夫を行っている。

家計である投資家は、安全資産と危険資産の選択を行っている[9]。安全資産は預金を想定し、税引き後で$(1-\eta_t)\rho_t$の収益率をもっているとする。η_tは利子所得税率であり、tは時間に関する添え字である。危険資産は株式を想定する。株式からは、キャピタル・ゲインと配当による収益が期待できる。このとき、両者の収益率には、下記のような裁定条件が成立する。

$$(1-\eta_t)\rho_t = \frac{(1-c_t)(\dot{V_t}-v_t^N)+(1-\theta_t)D_t}{V_t} \qquad (1)$$

ここで、V_tは株式価値、$\dot{V_t}$はV_tの時間tに関する微係数、v_t^Nは新株発行額、c_tはキャピタル・ゲイン税率、θ_tは配当所得税率である。投資家は危険資産の収益率（右辺）が、安全資産の税引き後収益率（左辺）に等しくなるまで株式を保有する。そのため、収益率$(1-\eta_t)\rho_t$は、投資家による株式への要求収益率でもある。

ここで、V_tがある企業の株式価値であるとして、その企業の設立時点を0期とし、将来に向かって(1)式を解くならば、0期の企業価値V_0を求めることができる。

$$V_0 = \int_0^\infty e^{-\hat{\rho}_t t} \frac{1-\theta_t}{1-c_t}\left(D_t - \frac{1-c_t}{1-\theta_t}v_t^N\right)dt \qquad (2)$$

ただし、$\hat{\rho}_t$は投資家がもつ税引き後の割引率であり、$\hat{\rho}_t = \frac{(1-\eta_t)\rho_t}{(1-c_t)}$と約束している。企業は企業価値$V_0$を最大にするように行動すると想定される。

企業の所得に対して課税される国税の法人税と法人住民税法人税割を合わせたt期の法人税等負担額T_t^Nは次のように表現できる。

$$T_t^N = u_t\{p_t F(K_{t-1}) - i_t M_{t-1} - U_t - T_{t-1}^L\} - k_t q_t I_t \tag{3}$$

ここで、u_t は広義の法人税率、p_t は生産物価格、$F(K_{t-1})$ は前期末の資本ストック K_{t-1} に関する生産関数である[10]。$p_t F(K_{t-1})$ は労働に関わる費用など資本以外に関わる費用を控除した後の企業所得を表している。

また、i_t は借入利子率、M_{t-1} は前期末の借入残高であり、$i_t M_{t-1}$ はその借入に対する利子払いを示す。k_t を投資税控除の控除率、q_t は投資財価格、I_t は設備投資を意味するから、$k_t q_t I_t$ は投資税額控除額である。さらに、U_t は税制上の減価償却額、T_{t-1}^L は前期の法人事業税所得割負担額の損金算入を表している。

広義の法人税率 u_t は、国税の法人税率 u_t^N、都道府県と市町村を合わせた住民税法人税割 u_t^L の税率として下記のように表現される。

$$u_t = u_t^N (1 + u_t^L) \tag{4}$$

次に、税制上の減価償却率を $\hat{\delta}_t$ として、定率法による減価償却を想定すれば、税制上の減価償却額 U_t は次式で示される。

$$U_t = \int_0^t \hat{\delta}_t e^{-\hat{\delta}_t(t-s)} q_s I_s ds \tag{5}$$

さらに、t 期の法人事業税所得割負担額 T_t^L は、v_t を法人事業税所得割税率として、下記のように示される。

$$T_t^L = v_t\{p_t F(K_{t-1}) - i_t M_{t-1} - U_t - T_{t-1}^L\} \tag{6}$$

ここで、$t-1$ 期の法人事業税所得割負担額 T_{t-1}^L を控除する前の企業所得を Π_t とする。

$$\Pi_t = p_t F(K_{t-1}) - i_t M_{t-1} - U_t \tag{7}$$

このとき、t 期の法人税等負担額 T_t^N と法人事業税所得割負担額 T_t^L は次のように整理できる。

$$T_t^N + T_t^L = (u_t + v_t)(\Pi_t - T_{t-1}^L) - k_t q_t I_t \qquad (8)$$

ここからわかるように、前期の法人事業税所得割負担額 T_{t-1}^L の損金算入が影響することによって、t 期の企業所得 Π_t の1単位の増加がもたらす将来的な税負担は $u_t + v_t$ のみではない。このことに注意しつつ、ここからの展開においては、企業が税率、割引率、利子率に対して静学的期待を持っていると仮定し、0期から将来に向かって解けば

$$\int_0^\infty e^{-\hat{\rho}t}(u+v)(\Pi_t - T_{t-1}^L)dt = (u+v)\frac{1+\hat{\rho}}{1+\hat{\rho}+v}\int_0^\infty e^{-\hat{\rho}t}\Pi_t dt \qquad (9)$$

となり、本モデルにおける法人実効税率の定義が下記のように得られる[11]。

$$\tau = (u+v)\frac{1+\hat{\rho}}{1+\hat{\rho}+v} \qquad (10)$$

さて、t 期における配当 D_t は、次のように示される。

$$D_t = p_t F(K_{t-1}) + B_t - B_{t-1} + v_t^N - q_t I_t - i M_{t-1} - T_t^N - T_{t-1}^L \qquad (11)$$

配当 D_t は、労働に関わる費用など資本以外に関わる費用を控除した後の企業所得 $p_t F(K_{t-1})$ から、借入である B および M、新株発行額 v_t^N、設備投資額 $q_t I_t$、法人税等負担額 T_t^N、前期法人事業税所得割負担額 T_{t-1}^L を加減算することで得られる。

なお、B_t は t 期のフローの借入額で借入期間を l とする。$B_t - B_{t-1}$ は l 期前の借入額を返済した後の l 期におけるネットの借入額である。このとき M_{t-1} は $l-1$ 期前から $t-1$ 期末までの借入の累積額である[12]。

$$M_{t-1} = \int_{t-1-l}^{t-1} B_s ds \qquad (12)$$

ここで、(11)式に(7)(9)(12)式を代入すれば、下記の(13)式を得る。

$$D_t = (1-\tau)p_t F(K_{t-1}) - (1-k_t)q_t I_t + \tau U_t - i(1-\tau)M_{t-1} + B_t - B_{t-1} + v_t^N \qquad (13)$$

企業が設備投資を行う際の資金調達手段として、借入、新株発行、内部留保の3種類を考える。全体の設備投資額q_tI_tのうち、どれだけを借入で調達したかの資金調達シェアをλ^B、新株発行の資金調達シェアをλ^Vとするとき、次のように表される。

$$B_t = \lambda^B q_t I_t \ (0 \leq \lambda^B \leq 1), \quad v_t^N = \lambda^V q_t I_t \ (0 \leq \lambda^V \leq 1) \tag{14}$$

なお、内部留保による資金調達シェアは$\lambda^R(\equiv 1-\lambda^B-\lambda^V)$とする(ただし$0 \leq \lambda^R \leq 1$)。これらのシェアは時間を通じて一定とする。本章では、資金調達シェアは所与として考え、企業における最適な資金調達シェアの問題を考慮しない。

以上までの関係を(2)式に代入すれば、次の式を得ることができる。

$$V_0 = \frac{1-\theta}{1-c}\int_0^\infty e^{-\hat{\rho}t}\left[(1-\tau)p_tF(K_{t-1}) - \left\{(1-k_t-\tau z_t) - \lambda^B S - \frac{\theta-c}{1-c}\lambda^V\right\}q_tI_t\right]dt \tag{15}$$

なおz_tは、t期に行われた1単位の設備投資が、税制上、どれだけ減価償却費として将来的に認められるのかを現在割引価値で示したものである。ここで、g_tは1単位の設備投資に対するt期の税制上の減価償却費である。

$$z_t = \int_t^\infty g_t e^{-\hat{\rho}t}ds \tag{16}$$

またSは、1円の借入がもたらすネットの利得の割引現在価値である。

$$S = 1 - e^{-\hat{\rho}l} - \frac{i(1-\tau)(1-e^{-\hat{\rho}l})}{\hat{\rho}} \tag{17}$$

ここで、借入期間の短期と長期によって、借入の利得をそれぞれS^SとS^Lに分解しよう。$l=1$を短期借入金の借入期間とすれば、その利得は$S^S\dfrac{(1-e^{-\hat{\rho}})\{1-i(1-\tau)\}}{\hat{\rho}}$となり、これを離散型で表現すれば$S^S\dfrac{\{\hat{\rho}-i(1-\tau)\}}{(1+\hat{\rho})}$

となる。また、$l=\infty$ を長期借入金の借入期間とすれば、その利得は $S^L = 1 - i\dfrac{(1-\tau)}{\hat{\rho}}$ となる。

企業価値最大化問題は、以下の資本蓄積方程式を制約条件として、(15)式の企業価値を最大化することで定義される。なお、δ_t は経済的資本減耗率である。

$$K_t = I_t - \delta_t K_{t-1} + K_{t-1} \tag{18}$$

このような企業価値最大化問題を解くことで、最適な設備投資を行う際の資本の限界生産力 $\dfrac{dF(K_{t-1})}{dK_{t-1}}$ を、租税調整済み資本コスト C_t として得ることができる。このとき、租税調整済み資本コスト C_t は、設備投資の資金調達手段(借入、新株発行、内部留保)のそれぞれの租税調整済み資本コストの加重平均値として表現される。

$$C_t = \lambda^B C_t^B + \lambda^N C_t^N + \lambda^R C_t^R \tag{19}$$

ただし、C_t^B は借入調達による租税調整済み資本コスト、C_t^N は新株発行による資金調達の租税調整済み資本コスト、C_t^R は内部留保による資金調達の租税調整済み資本コストを意味する。なお、投資財価格のインフレ率を $\pi_t = \dfrac{\dot{q}_t}{q_t}$、$Q_t = \dfrac{(\hat{\rho} + \delta_t - \pi_t)q_t}{p_t}$ と約束している。

$$C_t^B = \frac{1 - S - k_t - \tau z_t}{1 - \tau} Q_t, \quad C_t^N = \frac{1 + \dfrac{\theta - c}{1 - \theta} - k_t - \tau z_t}{1 - \tau} Q_t, \quad C_t^R = \frac{1 - k_t - \tau z_t}{1 - \tau} Q_t$$

$$\tag{20}$$

さらに、租税調整済み資本コスト C_t に対して、法人実効税率 $\tau_t = 0$ を代入することで、税制が考慮されない資本コスト $\overline{C_t}$ を定義する。このとき、法人所得税の限界実効税率 μ_t を、次のように得ることができる。ここで、$\bar{\omega}_t$ は「税のくさび」である。

第3章 法人実効税率の引き下げが設備投資に与える影響 67

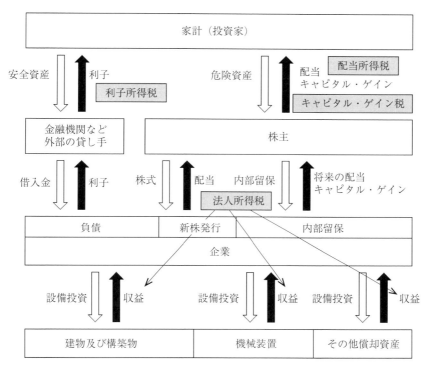

図3.1 投資家(家計)と企業と税制の関係

$$\mu_t = \frac{C_t - \overline{C_t}}{\overline{C_t}} = \frac{\overline{\omega_t}}{\overline{C_t}} \tag{21}$$

図3.1は、以上のモデルの全体像として、投資家(家計)と企業と税制の関係を示している。投資家である家計が、安全資産と危険資産の資産選択を行い、企業に対して資金を供給する。企業は、負債、新株発行、内部留保によって資金調達を実施し、建物及び構築物、機械装置、その他償却資産へ設備投資を行うことで、収益をあげる。その収益に対して、法人所得税が課税される。また、家計への所得分配である利子、配当、キャピタル・ゲインにも、それぞれ利子所得税、配当所得税、キャピタル・ゲイン税が課税される。

3. 分析データの加工方法

前節によって、租税調整済み資本コスト C_t が導出され、そこから限界実効税率 μ_t が導き出された。本節では、日本政策投資銀行『企業財務データバンク』を主に利用した租税調整済み資本コスト C_t、投資率 $\frac{I_t}{K_{t-1}}$、限界実効税率 μ_t などの計測方法について記述する。

『企業財務データバンク』には、東京、大阪、名古屋の証券取引所の第1部と第2部に上場している会社と店頭登録会社の財務データが収録されている。したがって、大企業に限定されたデータであることに留意しなければならない。なお、計測期間は1971年から2005年である。

3.1 税制・価格等パラメータ

税制パラメータである国の法人税率 u^N、都道府県と市町村を合わせた住民税法人税割の税率 u^L、法人事業税所得割税率 v については財務省『財政金融統計月報：租税特集』より表面税率を用いた。本章の分析対象は大企業であることから、国税の法人税率については基本税率を採用する。

地方税に関しては超過課税を実施している地方自治体も存在するが、ここでは単純化のために標準税率を採用する。以上の想定により、(4)式から広義の法人税率 u を求めることができる。投資税額控除率 k については、どの企業にどれだけの適用がなされているかを把握するのが困難であることから、ここでは捨象してゼロとする[13]。

家計である投資家に対する税制パラメータには、利子所得税率 η、キャピタル・ゲイン税率 c、配当所得税率 θ があるが、基本的に20%に固定する[14]。安全資産の税引き前の収益率 ρ を日本銀行ウェブサイトから入手できる短期プライムレートとすれば、投資家がもつ株式への要求収益率 $(1-\eta)\rho$、税引き後の割引率 $\tilde{\rho}$ が計算できる。以上より、(10)式を用いて法

人実効税率 τ も計算できる。

　生産財価格 p については、日本銀行ウェブサイト「製造業総合部門・大部門別投入・産出物価指数」（2005 年基準）の産業別の産出の物価指数を採用した。この際、月次データを年次データに変換している。なお、『企業財務データバンク』は個々の企業に産業コードが割り当てられているから、当該産業に該当する物価指数を生産財価格 p として適用する。

　また、投資財価格 q については、同じく日本銀行ウェブサイト「企業物価指数」「資本財価格」（2005 年基準）を採用した。これにより、投資財価格のインフレ率 π も計算でき、産業コードにしたがって個々の企業に対して割り当てられる。

　経済的資本減耗率 δ は内閣府『民間企業資本ストック年報』にある法人企業の産業別の資本ストックのデータから、毎年の除却を前期資本ストックで除算することで産業別に求めた[15]。同じく、産業コードにしたがって個々の企業に対して割り当てられる。

3.2　企業変数

　以下では、『企業財務データバンク』にある財務データの項目を「　」によって表記する。なお、n は企業の添え字とする。

　まず、個々の企業が直面する利子率 i_t は、下記の式にしたがって計算した。

$$i_t^n = 短期金利_t \times \frac{「短期金利計」_t^n}{「短期借入金計」_{t-1}^n + 「社債計」_{t-1}^n + 「長期借入金計」_{t-1}^n}$$

$$+ 長期金利_t \times \frac{「社債計」_{t-1}^n + 「長期借入金計」_{t-1}^n}{「短期借入金計」_{t-1}^n + 「社債計」_{t-1}^n + 「長期借入金計」_{t-1}^n}$$

(22)

短期金利は日本銀行ウェブサイトから入手した短期プライムレート、長期金利は長期プライムレートとした。つまり、借入金の期間で加重平均した金利を企業ごとの利子率 i とした。

同様に、1円の借入がもたらすネットの利得の割引現在価値 S_t も、借入金の期間で加重平均して、個々の企業ごとに求めた。

$$S_t^n = S_t^S \times \frac{\text{「短期金利計」}_t^n}{\text{「短期借入金計」}_{t-1}^n + \text{「社債計」}_{t-1}^n + \text{「長期借入金計」}_{t-1}^n}$$

$$+ S_t^L \times \frac{\text{「社債計」}_{t-1}^n + \text{「長期借入金計」}_{t-1}^n}{\text{「短期借入金計」}_{t-1}^n + \text{「社債計」}_{t-1}^n + \text{「長期借入金計」}_{t-1}^n} \tag{23}$$

また、借入、新株発行、内部留保の資金調達シェアについては、下記のように算出した。

$$\lambda_t^B = \frac{\text{借入調達の資金調達のシェアの分子}_t^n}{\text{資金調達シェアの分母}_t^n} \tag{24}$$

$$\lambda_t^V = \frac{\text{「資本金」}_t^n - \text{「資本金」}_{t-1}^n}{\text{資金調達シェアの分母}_t^n} \tag{25}$$

$$\lambda_t^R = \frac{\text{「次期繰越利益（次期繰越損失）」}_t^n + \text{「減価償却費」}_{t-1}^n}{\text{資金調達シェアの分母}_t^n} \tag{26}$$

借入調達の資金調達のシェアの分子$_t^n$
= (「短期借入金計」$_t^n$ + 「社債計」$_t^n$ + 「長期借入金」$_t^n$)
− (「短期借入金」$_{t-1}^n$ + 「社債計」$_{t-1}^n$ + 「長期借入金」$_{t-1}^n$)
$$\tag{27}$$

資金調達シェアの分母$_t^n$
= (「短期借入金計」$_t^n$ + 「社債計」$_t^n$ + 「長期借入金」$_t^n$)
− (「短期借入金」$_{t-1}^n$ + 「社債計」$_{t-1}^n$ + 「長期借入金」$_{t-1}^n$)
+ (「資本金」$_t^n$ − 「資本金」$_{t-1}^n$)
+ (「次期繰越利益（次期繰越損失）」$_t^n$ + 「減価償却費」$_{t-1}^n$)
$$\tag{28}$$

なお、それぞれの資金調達シェアの分子がマイナスの値をとった場合は、

分子をゼロに置き換えて再計算している。

　資本ストックについては、「建物及び構築物」「機械装置」「その他償却資産」のように資産別に考える。これらの資本ストックに対する税制上の減価償却率$\hat{\delta}$については、上村・前川(1999)が推計した産業別・資産別法定減価償却率を用いた。『企業財務データ』にある個々の企業の産業コードにしたがって、産業別かつ資産別に法定減価償却率を採用する。

　「建物及び構築物」の法定減価償却率を$\hat{\delta}_1$、「機械装置」の法定減価償却率を$\hat{\delta}_2$、「その他償却資産」の法定減価償却率を$\hat{\delta}_3$とし、資産の構成割合によって加重平均することで、税制上の減価償却率$\hat{\delta}$を求めた[16]。

$$\hat{\delta}_t^n = \frac{\hat{\delta}_1 \lceil 建物及び構築物 \rfloor_{t-1}^n + \hat{\delta}_2 \lceil 機械装置 \rfloor_{t-1}^n + \hat{\delta}_3 \lceil その他償却資産 \rfloor_{t-1}^n}{\lceil 建物及び構築物 \rfloor_{t-1}^n + \lceil 機械装置 \rfloor_{t-1}^n + \lceil その他償却資産 \rfloor_{t-1}^n}$$

(29)

　1単位の設備投資に対する将来における減価償却の割引現在価値zの推計は、以下のように行う。t期に1単位の設備投資を行ったとき、t期には$\hat{\delta}$の減価償却費g_t、$\hat{\delta}$の減価償却累計額となる。$t+1$期には$(1-\hat{\delta})\hat{\delta}$の減価償却費$g_{t+1}$、$\hat{\delta}+(1+\hat{\delta})\hat{\delta}=g_t+g_{t+1}$が減価償却累計額となる。

　この作業を減価償却累計額が$(1-\sigma)$を超えるまで行う。ここでσは減価償却における残存価格割合である。減価償却累計額が$t+y$期に$(1-\sigma)$を超えるならば、$t+y$期の減価償却費g_{t+y}は$(1-\sigma)$と$t+y-1$期の減価償却累計額との差額とする。$t+y+1$期以降の減価償却費g_{t+y+1}はゼロとなる[17]。なお、残存価格割合を$\sigma=0.1$と想定している[18]。

　1単位の設備投資に対する将来における減価償却の割引現在価値zは、(16)式により、将来にわたる減価償却費gの割引現在価値を求めることで得られる。

　以上の設定をもとにすれば、(19)式の租税調整済み資本コストC_t、(21)式の法人所得税の限界実効税率μ_tを企業ごとに計算できる。

　続いて、投資関数を構成する他の変数を計測する。投資率$\frac{I_t}{K_{t-1}}$について

は、(18)式の資本蓄積方程式を変換した下記の式にしたがって計算した。

$$\frac{I_t^n}{K_{t-1}^n} = \frac{q_t^n K_t^n - (1-\delta_t^n) q_t^n K_{t-1}^n}{(1+\pi_t^n) q_{t-1}^n K_{t-1}^n} \tag{30}$$

ここで、$q_t K_t$ は t 期末の「建物及び構築物」「機械装置」「その他償却資産」を合わせた資本ストックの価値、$q_{t-1}K_{t-1}$ は $t-1$ 期末の資本ストックの価値である。

最後にキャッシュ・フロー F_t は、t 期の「次期繰越利益（次期繰越損失）」と「減価償却費」の合計とした。これにより、キャッシュ・フロー率 $\dfrac{F_t}{K_{t-1}}$ を計算する。なお、キャッシュ・フローを構成する「次期繰越利益」は、t 期の「法人税、住民税および事業税」や「配当金」が控除されているキャッシュ・フローである。

4．限界実効税率の分布の推移

限界実効税率 μ_t は企業ごとに計測されるため、その値は分布する。これを95％タイル値、平均値、5％タイル値によって示したものが図3.2である。

参考までに、法定税率を組み合わせた $\dfrac{(u_t+v_t)}{(1+v_t)}$ によって計算される財務省型実効税率の推移も図示している。限界実効税率は、1単位の投資に対する将来を含めた税負担を意味するから、将来の概念をもたない財務省型実効税率とは異なる。それでも、1990年代に入ってから引き下げられてきた財務省型実効税率に、限界実効税率の平均値の動きは連動している。

時期によって限界実効税率の推移に大きな振幅がある。例えば、高度経済成長期の1970年代後半とバブル経済期の1980年代後半に利子率が高まったことが、特に限界実効税率の95％タイル値の下落をもたらしている。

また、限界実効税率の分布の推移に特徴がみられる。1970年代に大きか

第3章　法人実効税率の引き下げが設備投資に与える影響　73

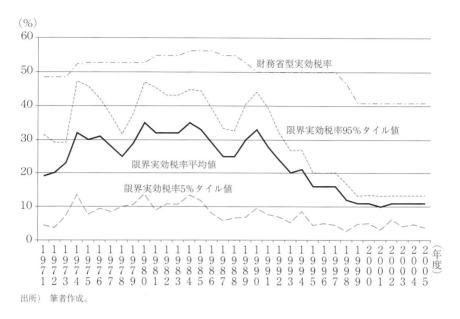

図3.2　限界実効税率と財務省型実効税率の推移

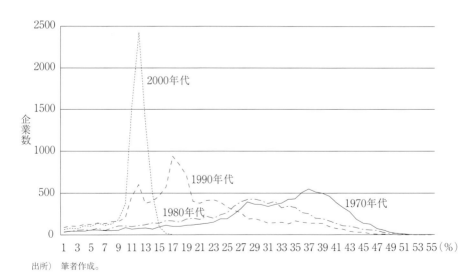

図3.3　限界実効税率の分布の変遷

った分布は、1990年代に入ってから縮小してゆく。このことを詳しく見るために、限界実効税率の分布の変遷を別の角度から示しているのが図3.3である。

限界実効税率の最頻値は年代によって異なる。1970年代は約37％、1980年代は約29％、1990年代は約17％、2000年代は約12％である。限界実効税率の最頻値は徐々に下がってきた。それと同時に、1970年代の限界実効税率の分布はとても広いが、1980年代と1990年代にかけて徐々に狭くなり、2000年代はとても縮小している。

このような限界実効税率の動きの要因は、2つに分けて考えることができる。ひとつは限界実効税率の水準の変化である。水準の変化には、財務省型実効税率の他にも、投資家が直面する割引率（すなわち利子率）の変化が影響している。

いまひとつは、限界実効税率の分布の変化である。分布が縮小してきていることは、企業の財務状態と設備投資の資金調達手段が似てきていることに一因がある。すなわち、減価償却資産のうち「建物及び構築物」「機械装置」「その他償却資産」の保有割合、さらには負債、新株発行、内部留保による資金調達シェアが似通ってくるほど、限界実効税率の分布は縮小してゆく。

5．投資関数の推計と限界実効税率の弾力性の推移

続いて、限界実効税率が設備投資に与える影響の度合いをみるために、先に計測された租税調整済み資本コスト、キャッシュ・フロー率、投資率のデータを用いて投資関数を推計しよう。企業の資本ストック K_{t-1} で標準化した設備投資 I_t を投資率 $\dfrac{I_t}{K_{t-1}}$ として、

$$\frac{I_t^n}{K_{t-1}^n}=\alpha+\beta C_t^n+\gamma\frac{F_t^n}{K_{t-1}^n}+\varepsilon_t^n=\alpha+\beta(1+\mu_t^n)\overline{C}_t^n+\gamma+\varepsilon_t^n \qquad (31)$$

のように投資関数の推計式を定式化する。ここで、α は定数項、β は租税調整済み資本コスト C_t の係数、γ は資本ストック K_{t-1} で標準化したキャッシ

ュ・フロー F_t に対する割合 $\dfrac{F_t}{K_{t-1}}$ の係数、ε_t は誤差項を示す。

　投資関数でキャッシュ・フロー率を考慮するのは、企業が流動性制約に直面している可能性を検討するためである。また、限界実効税率 μ_t の定義(21)式により、(31)式の右辺第2項は税制が考慮されない資本コスト $\overline{C}_t$ を使って書き換えることができる。

　投資関数の推計においては、それぞれの期間において、Balanced Panel Data を作成した。推計にあたっては、F 検定と Hausman 検定を行い、モデルの選択を行っている。本章のすべての推計において、Fixed effects モデルが採択された。

　まず、期間別の推計結果を示したのが表3.1である。租税調整済み資本コストにかかる係数 β の符号がマイナスで有意となっていることは、投資関数の理論と整合的な結果である。係数 β の絶対値の大きさは、1970年代から1990年代まではさほど変わらないが、2000年代は小さくなっている。

　一方、キャッシュ・フロー率の係数 γ については、全期間ではプラスに有意であるが、年代を区切れば結果が異なってくる。キャッシュ・フロー率は企業の流動性制約に関わっている。1980年代はキャッシュ・フロー率の係数 γ が有意ではなくなるのは、バブル景気によって企業の資金調達の制約が小さくなったと考えられる。

　係数 β が投資率に与える影響を考察するには、弾力性の概念を用いると便利である。係数 β が推計された投資関数(31)式を用いれば、投資率 $\dfrac{I_t}{K_{t-1}}$ に対する限界実効税率 μ_t の弾力性 ζ_t を、次のように求めることができる。弾力性 ζ_t は、限界実効税率 μ_t が1％だけ変化したとき、投資率 $\dfrac{I_t}{K_{t-1}}$ が何％変化するかを示している。

表3.1 投資関数の推計結果（期間別）

	変数名	全期間 (1971−2005)		
		係数	t値	p値
α	定数項	0.3153	42.5272	0.0000
β	租税調整済み資本コスト	−0.5303	−10.7256	0.0000
γ	キャッシュフロー率	0.0083	8.8332	0.0000
	データ数	22,365 (639)		
	選択したモデル	Fixed effects		
	F値	1.9703		0.0000
	Hausman	46.7045	〈2〉	0.0000
	AdjR^2	0.0329		

	変数名	1971−1979			1980−1989		
		係数	t値	p値	係数	t値	p値
α	定数項	0.3595	36.3470	0.0000	0.3660	30.4809	0.0000
β	租税調整済み資本コスト	−0.4917	−11.3349	0.0000	−0.4967	−6.1440	0.0000
γ	キャッシュフロー率	0.0625	5.3695	0.0000	0.0005	0.4456	0.6559
	データ数	8,910 (990)			10,520 (1,052)		
	選択したモデル	Fixed effects			Fixed effects		
	F値	1.3761		0.0000	1.1219		0.0052
	Hausman	27.0867	〈2〉	0.0000	15.6388	〈2〉	0.0004
	AdjR^2	0.0545			0.0132		

	変数名	1990−1999			2000−2005		
		係数	t値	p値	係数	t値	p値
α	定数項	0.2826	16.6014	0.0000	0.1882	14.7239	0.0000
β	租税調整済み資本コスト	−0.5599	−3.3769	0.0007	−0.3404	−2.5247	0.0116
γ	キャッシュフロー率	0.0074	4.9620	0.0000	0.0024	2.3678	0.0179
	データ数	12,260 (1,226)			6,426 (1,071)		
	選択したモデル	Fixed effects			Fixed effects		
	F値	1.1091		0.0065	1.7038		0.0000
	Hausman	22.7212	〈2〉	0.0000	4.8792	〈2〉	0.0872
	AdjR^2	0.0172			0.1067		

備考) データ数の行は、順に全データ数と（ ）に企業数が示されている。F値の行は、順に検定値とp値が示されている。また、Hausmanの行は順に検定値、〈 〉内に自由度、p値が示されている。

出所) 筆者作成。

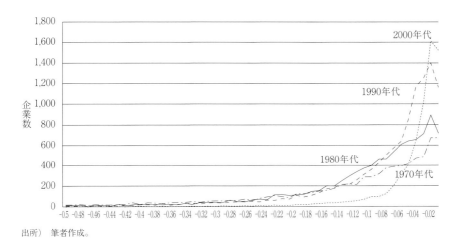

図3.4 限界実効税率の投資率に対する弾力性の分布の推移

$$\zeta_t^n = \frac{\Delta \frac{I_t^n}{K_{t-1}^n}}{\frac{I_t^n}{K_{t-1}^n}} = \frac{\Delta \frac{I_t^n}{K_{t-1}^n}}{\Delta \mu_t^n} \frac{\mu_t^n}{\frac{I_t^n}{K_{t-1}^n}} = \beta \overline{C}_t^n \frac{\mu_t^n}{\frac{I_t^n}{K_{t-1}^n}} \tag{32}$$

　この弾力性 ζ_t を企業ごとに計算し、その分布を示したのが図3.4である。1970年代と1980年代においては、限界実効税率に対する投資率の弾力性の大きい企業が多かった。ところが、1990年代から2000年代に入ると、弾力性が低下しているのがわかる。

　すなわち、法人所得税の税率の設備投資に対する影響力は、過去に比べて低くなっている。このことから考察されることは、設備投資を促進するために法人所得税の税率の引き下げを検討することは、過去からの相対的な比較において、効果を失ってきていると考えられる。

6. まとめ

本章では、投資家である家計の税制と設備投資の資金調達手段の違いを考慮した租税調整済み資本コストと、そこから導出される限界実効税率を、個別企業の財務データから推計することで、限界実効税率の分布の推移を示した。さらには、投資関数を推計し、そこから投資率に対する法人実効税率の弾力性を計測して分布の推移を図示した。

本章の分析により、以下の示唆を得ることができよう。過去の法人所得税は設備投資に対して影響力を持っていたと考えられるが、2000年代に入ってからは、法人実効税率の設備投資への影響力はとても小さくなってしまった。

この背景には、グローバル化の急激な進展で、企業と取り巻く環境が大きく変化していることがある。もはや、法人実効税率が企業の設備投資に与える影響は小さく、他の要因が拡大してきたことを示唆している。

もちろん、だからといって、法人所得税の改革が不要だとはいえない。本章では、試験研究費の税額控除など、研究開発投資における政策税制を分析することはできなかった。本来ならば、法人実効税率の引き下げと政策税制が企業の設備投資に与える影響を、税収の規模でコントロールして比較するべきであろう。

とはいえ、法人実効税率が引き下げられつつある現在、研究開発投資における政策税制が設備投資に与える効果も、弱くなっていると考えることが妥当である。なぜなら、政策税制は、法人所得税の負担があるからこそ、影響力をもつからである。

近年に実施されている法人実効税率の引き下げは、設備投資に与える影響は限定的ではあるものの、企業の立地選択には影響をもたらすかもしれない。本章の分析は海外の事情を考慮していない。企業が国内に残るか海外に移転するか、または海外の企業が日本の国内に立地するかどうかについては、法

人実効税率との関係性があるかを検討することは重要である。法人実効税率がもつ設備投資への影響が小さいからこそ、立地選択に大きく影響をもたらすことが立証されなければ、法人実効税率を引き下げる正当性が提示できないからである。

注

1）法人実効税率＝｜国の法人税率＋（1＋住民税法人割の税率）＋事業税の所得割の税率｜÷（1＋事業税の所得割の税率）として定義される。本章では、この法人実効税率を財務省型実効税率として位置づける。
2）日本の法人実効税率の推移は、2013年度に38.01％、2014年度に35.64％、2015年度に33.10％、2016年度に32.34％となっている。
3）たとえばドイツは2008年の38.36％から29.59％へ、イギリスは2008年の30％から21％へ引き下げている。このような税率引き下げ競争は有害だという指摘も多い。
4）たとえば中国は2007年の33％から25％へ、シンガポールは2007年の20％から17％へ引き下げている。
5）投資家による安全資産と危険資産の資産選択を考慮したモデルはKing(1974)に始まる。
6）伝統的には、税制と設備投資の関係については、Hall and Jorgenson(1967)などによる租税調整済み資本コストによって分析がなされてきた。別の流れとして、Summers(1981)などによる租税調整済みトービンのQ（*Tax-adjusted Q*）による分析手法がある。
7）本章は林田・上村(2011)の分析結果をもとに執筆されている。
8）上村・前川(1999, 2000)および上村(2004)は、個別企業のデータを用い、資本コストではなくTax-adjusted Qを計測している。
9）間接金融で家計が金融資産を金融機関に預けている場合でも、金融機関が資産選択を行っていると考えている。
10）資本以外の生産要素（たとえば労働）は捨象している。
11）モデルにおける法人実効税率については、田近・林・油井(1987)および上村・前川(2000)を参照。財務省型実効税率とは、割引率ρの部分が異なることに注意されたい。
12）借入金のモデル化については田近・油井(1998)を参照。
13）企業の財務データからは、どの企業が投資促進税制を利用しているかが分からない。そのために、投資税額控除率をゼロと置かざるを得なかった。
14）老人マル優制度については考慮しない。ただし、税制改正を考慮して、2003年以降の配当所得税率とキャピタル・ゲイン税率は10％とした。
15）『民間企業資本ストック年報』にある産業別の資本ストックK^p、新規設備投資I^p、除却J^pとすれば、$K_t^p = K_{t-1}^p + I_t^p - J_t^p$が成立する。ここで経済的資本減耗率$\delta_t = \dfrac{J_t^p}{K_{t-1}^p}$として得られる。これらは実質価格である。
16）1998年以降、建物の減価償却方法は定額法に一本化されている。そのため、「建物及び構築物」に定率法を想定することは、現行制度を完全に反映できていない。「資

産及構築物」「機械装置」「その他償却資産」をモデルが想定するひとつの資産に統合する際に、減価償却方法が資産別に異なることが、計算の煩雑さを増やす。そのため、本章ではすべての資産において定率法を採用したが、この点は今後の課題だといえよう。

17) この作業は実際の企業会計における減価償却費の算定方法にしたがっている。
18) 税制改正により、2007年以降は残存価格割合がゼロになった。本章では改正前のデータを分析しているため、残存価格割合を正に設定している。

第4章
社会保険料の負担構造（Ⅰ）
国民健康保険制度と後期高齢者医療制度

1．はじめに

　「社会保障と税の一体改革」という名称が示すように、社会保障の財源のあり方については、多くの議論が活発に行われてきた。とりわけ、社会保険料か税か、もしくは、社会保険方式か税方式か、といった対立構造は、社会保険料と税が財源として異なる性質をもつことが背景にあり、その問題が提起されていると言えよう[1]。

　なかでも年金、医療、介護といった社会保険制度は、日本の社会保障制度の根幹をになっている。これらの社会保険制度にとって、もっとも重要な財源が社会保険料である。そのため、社会保険料か税か、社会保険方式か税方式か、といった問いかけは、問題提起としては重要ではあるものの、日本の社会保障制度の財源において、本来は社会保険料が重要な地位にあることを忘れるわけにはいかない。

　年金、医療、介護において、社会保険料が主たる財源となっているのは、受益と負担の関係を重視する社会保険方式を採用しているからである。受益とは社会保障の給付であり、もしくは給付を受ける権利である。社会保険制度においては、原則的に社会保険料の負担がなければ、受益である給付を受けることはできない。一定期間において、社会保険料を拠出し、その拠出履歴に対し、給付を受ける権利が得られる。このような受益と負担に対応関係があることが、社会保険制度にとって重要な意味をもっている。

　日本の社会保険制度には、財源として多額の公費が投入されている[2]。

本来は、家計や企業による社会保険料の拠出によって、社会保障給付をまかなうことが望ましい。社会保障制度の持続可能性を高めるためには、まずは社会保険料の引き上げが念頭に置かれるべきであろう。

　ところが、「社会保障と税の一体改革」においては、消費税の税率引き上げなど、むしろ税財源の拡充に狙いがある。社会保険料の引き上げは、もはや限界に来ているというのが、大方の見解である。租税は、通常は一般的な公共サービスの財源であり、社会保障制度の特定財源ではない。しかしながら、「社会保障と税の一体改革」において、消費税の税率の引き上げ部分は、社会保障財源とすることが決められている。いわば、社会保険方式と税方式の狭間の領域に、消費税が社会保障の財源として浮上したのである。

　税財源の投入がやむなしとなっている社会保障制度の現状ではあるが、それでも社会保険料が最も重要な財源であることには変わりはない。そこで本章では、社会保険制度のなかでも国民健康保険制度と後期高齢者医療制度を取り上げ、医療給付という受益に対して、負担である社会保険料がどのような関係にあるのかを検討する。

　国民健康保険制度と後期高齢者医療制度は、地方自治体が保険者となって運営される医療制度である。他の保険者が国民健康保険制度と後期高齢者医療制度を支援してもなお、財源が足らない場合には公費の投入がなされる。その公費の財源は、一般納税者の負担であることから、社会保険料には地域間格差が生じることが特徴となっている。また、国民健康保険制度と後期高齢者医療制度の社会保険料には、低所得者などに対する軽減・減免措置が存在する。当然ながら、このような措置は、受益と負担の関係に影響を与えるだろう。

　本章は第2節では国民健康保険料、第3節では後期高齢者医療保険料を取り上げ、社会保険料の負担構造について分析を行う。それぞれの節においては、制度の概要、分析方法を示し、最後に分析結果をまとめる。

2．国民健康保険料の負担構造

2.1　受益と負担の関係からみた国民健康保険制度

　国民健康保険制度の受益と負担に関しては、まずは医療給付と保険料（税）のバランスが問題となる[3]。バランスには、保険者間、地域間、地域内、世代間といった切り口があるが、本章では地域間と地域内のバランスに注目する[4]。以下、参考となる先行研究を紹介する。

　鈴木・増島・白石・森重(2012)は、社会保障給付に対して、保険料の負担がどのくらいであるかを明らかにするために、年金、医療、介護のマクロデータを用いて、年齢別に長期推計を行い、世代間に不均衡があることを示した。厚生労働省(2012)「市町村国保の現状」は、医療給付の受益に対し保険料負担が十分でないこと、また保険料の地域間格差は3倍程度であるが、医療給付の地域間格差は保険料の格差を上回る4.3倍であることを示している。

　国民健康保険制度における受益に対して負担が抱える問題点として、他の医療保険制度に比べて国民健康保険料の低い収納率があげられる。国民健康保険制度が抱える被保険者の年齢構成が高いこと、1人あたり医療給付費が高いこと、そして被保険者の所得水準が低いことなどの構造的な問題が横たわっている。被保険者の所得水準の低さについては、河口・井伊(2010)や田中・四方・大津(2011)が述べるように、相対的な保険料負担率の上昇を招き、収納率の低下に繋がっている[5]。

　そこで所得再分配の視点から、低所得者層の被保険者を対象に、軽減・減免措置が取り入れられ、公費が投入されている。だが公費の投入によって、本来の医療給付費に連動して計算される保険料額の設定を調整することとなり、平均保険料の上昇が抑えられているものの、国民健康保険制度における受益と負担のバランスを崩す可能性が高い。

　また、公費の投入の度合いが、保険者である市町村によって異なることは、地域間の負担の格差をもたらす。地域間のみならず、公費の財源は一般納税

者の負担であることから、保険者間の被保険者と一般納税者の負担の格差を生じさせる。

　公費の投入がやむなしとなっている国民健康保険制度の現状ではあるが、それでも保険料が最も重要な財源であることには変わりはない。そこで本節では、保険者単位で保険料と医療給付費の関係を明らかにし、地域間と地域内のバランスに注目する。

　具体的な分析方法は以下の通りである。第1に、医療給付費と保険料の関係により、地域間および地域内の保険料格差を検証する。第2に、軽減・減免措置と保険料に与える影響を明らかにし、医療給付費の受益と保険料の負担のバランスを相関係数から検討する。

　「社会保障と税の一体改革」においては、国民健康保険制度の安定化を目指し、保険者の単位が市町村から都道府県に移行することになっている。本節では、その動向を踏まえつつ、保険者の単位を市町村から都道府県に広域化した場合の影響も推計する。

2.2　国民健康保険制度の財政の仕組み

　国民健康保険制度の医療給付費には、入院費、入院外費また調剤費などの療養給付費をはじめ、アンマ・マッサージやハリ・キュウなどの療養費、高額療養費や高額合算療養費などの高額療養費がある。医療給付費には、移送費、出産育児諸費、葬祭諸費、育児諸費などのそれ以外の給付費も含まれる。

　後述するように、医療給付費は保険料、公費そして支援金でまかなっている。国民健康保険料は、医療分保険料（基礎賦課額）、支援金分保険料（後期高齢者支援金等賦課額）、介護分保険料（介護納付金賦課額）の3つの保険料で構成されている[6]。医療分保険料の算定には、所得割、資産割、均等割、平等割の賦課方式が採用されており、賦課方式で算出された保険料を保険料算定額と呼ぶ[7]。なお、それぞれの保険者によって、賦課方式の内訳は異なっている。

　図4.1には国民健康保険料と被保険者の所得の関係が示されている。国民

第 4 章 社会保険料の負担構造（Ⅰ）　85

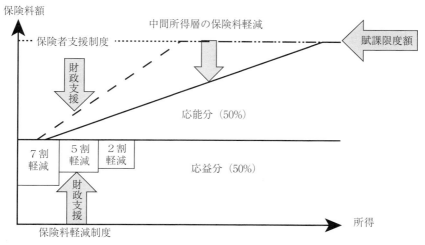

出所）厚生労働省(2015)「国民健康保険の保険料の賦課（課税）限度額について」をもとに作成。

図 4.1　国民健康保険料の軽減・減免措置

　健康保険料は、その 5 割を応能分、残りの 5 割を応益分として、軽減・減免措置が施されている。具体的には、応能分は後述する保険者支援制度によって中間所得層を対象に、所得に比して保険料の支援が行われている。応益分については保険料軽減制度に則して、低所得者層を対象に、2 割、5 割、7 割の軽減措置が実施されている。なお、保険料軽減制度は、前年の総所得金額が規定以下の世帯に対して適用される[8]。さらに上限についても賦課限度額によって、高所得者層への負担を抑えている。保険料算定額に軽減・減免措置を考慮した保険料を保険料調定額という。

　保険料の徴収には、給与もしくは年金からの天引きとなる特別徴収と納付書口座振替による納付の普通徴収の 2 種類がある。そして、大半の被保険者が普通徴収で保険料を支払っている。国民健康保険制度の大半の加入者の所得が低く、保険料負担率が高いことから、保険料収納率が低迷している[9]。保険料調停額に収納率を反映し、実際に徴収がなされた保険料を保険料収納額という。

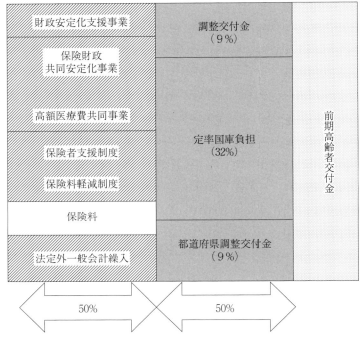

出所) 厚生労働省(2015)「国民健康保険の保険料の賦課（課税）限度額について」をもとに作成。

図4.2 国民健康保険制度における医療給付費の財源内訳

医療給付費をまかなうために、保険料だけでなく、実際には多大な公費と支援金が国民健康財政に投入されている。図4.2は、国民健康保険制度の医療給付費が、どのような財源によって支えられているかを示している。図に示すように、保険料（白い部分）では十分にまかなうことができず、調整交付金および国庫負担金といった公費（濃いグレー部分）と、前期高齢者交付金による支援金（点描部分）が投入されている。

過去3カ年分の保険料収納額の徴収状況から保険料を設定し、不足分を調整交付金（財政安定化支援事業、保険財政共同安定化事業）、高額医療費用共同事業、保険者支援制度など、毎年一定の公費（斜線部分）が投じられて

いる。以上の公費の種類は多岐にわたっており、次のような項目がある。

　第1に、国からの公費には調整交付金と国庫負担金がある。調整交付金には、保険者である市町村間の財政力の不均衡（たとえば医療費や所得水準など）を調整するための普通調整交付金と、災害等の特別な事情に対して交付される特別調整交付金がある。都道府県からは、地域の実情に応じて、都道府県内の市町村間の医療費水準や所得水準の不均衡の調整や地域の特別事情への対応のために都道府県調整交付金が交付されている。

　第2に、被用者保険からの支援として前期高齢者交付金がある。国民健康保険加入者には65歳以上75歳未満の前期高齢者の割合が他の保険者に比べ大きい場合など、保険者間に負担の不均衡が生じることがある。不均衡の調整を図るために支援される交付金である。

　第3に、保険者間で異なる高額な医療費に対しても公費が投入されている。高額医療費共同事業では、1件80万円を超える医療費に対して、各市町村の国民健康保険制度からの拠出金でまかなっている。その財源は、都道府県で費用負担を調整し、国および都道府県は、市町村の拠出金の4分の1ずつを負担している。また、保険財政共同安定化事業は、2014年度までは1件30万円を超える医療費を補助していたが、2015年度よりすべての医療費が対象になった。

　第4に、低所得者への財政支援には保険者支援制度と保険料軽減制度がある。保険者支援制度は、低所得の被保険者数に応じて保険料額の一定割合を公費で支援する制度である。保険料軽減制度は低所得の被保険者を対象とした軽減・減免措置による保険料軽減分相当を公費でまかなう制度である。

　多様な公費と支援金をもってしても、医療給付費に対して財源が確保できない場合には、一般会計による法定外繰入による補てんがなされる。法定外繰入は、定率負担などの法定繰入分とは別になされる繰入である[10]。法定外繰入の状況を都道府県別に見ると、全体（3,534億円）の約3割を東京都が占めており、ついで神奈川県、大阪府、埼玉県、愛知県が続く。上位6位までの都道府県における繰入金額は約2,400億円であり、全体の約7割を占

めている。

多くの公費と支援金によって支えられている国民健康保険制度であるが、本来、医療給付費である受益に対応する負担は、原則的には保険料である。そこで次節では、保険料の要因分解を実施し、どのような医療給付が保険料の高低を決定しているかを示す。

2.3 国民健康保険料の要因分解の推計方法

本項では、保険者別の国民健康保険料の要因分解の方法を記す。なお、分析における保険者の単位は市町村である。推計手順のイメージを図4.3に示す。

被保険者あたり費用 Q は受診率 A、1件あたり日数 B、1日あたり費用 C に分解できる。なお、添え字 i は保険者（$i=1,\cdots,I$）を示す。添え字 j は療養給付費の種類を示し、具体的には入院費、入院外費、歯科費、調剤費、食事・生活療養費、訪問看護費を表す（$j=1,\cdots,6$）。

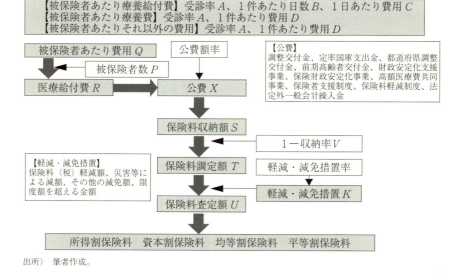

図4.3　国民健康保険料の要因分解の手順

被保険者あたり費用 Q_{ij}
$$= 受診率 A_{ij} \times 1件あたり日数 B_{ij} \times 1日あたり費用 C_{ij} \quad (1)$$

ここで、右辺の変数は以下のように分解できる。

$$受診率 A_{ij} = 数 a_{ij} / 被保険者数 P_{ij} \quad (2)$$

$$1件あたり日数 B_{ij} = 日数 b_{ij} / 件数 a_{ij} \quad (3)$$

$$1日あたり費用 C_{ij} = 費用 c_{ij} / 日数 b_{ij} \quad (4)$$

本節で使用するデータは、厚生労働省(2010)『様式13 国民健康保険事業状況報告書（事業年報）A表（平成22年度）』の「一般状況」にある「一般被保険者数 総数（本年度末現在）」である。保険者別療養給付費別の被保険者数 P、療養給付費別の件数 a、日数 b、費用 c を取得し、受診率 A、1件あたり日数 B、1日あたり費用 C を計算する。

続いて、日数のデータが判明しない療養費、高額療養費、その他の給付費については、下記のように被保険者あたり費用 Q を分解する。療養費は、一般診療、補装具、柔道整復師の施術、アンマ・マッサージ、ハリ・キュウ、その他、移送費、高額療養費、高額介護合算療養費、出産育児給付、葬祭給付、傷病手当金、出産手当金、その他任意給付である（$j=7,\cdots,20$)[11]。

$$被保険者あたり費用 Q_{ij} = 受診率 A_{ij} \times 1件あたり費用 D_{ij} \quad (5)$$

先と同様に、1件あたり費用 D は次のように分解できる。

$$1件あたり費用 D_{ij} = 費用 c_{ij} / 件数 a_{ij} \quad (6)$$

同じく『様式15 国民健康保険事業状況報告書（事業年報）C表（1）（平成22年度）』より、保険者別の一般診療、補装具、柔道整復師の施術、アンマ・マッサージ、ハリ・キュウ、その他、移送費などの療養費、高額療

養費と高額介護合算療養費などの高額療養費と出産育児給付、葬祭給付、傷病手当金、出産手当金、その他任意給付などのその他の給付費の件数 a と費用 c を取得する。これらのデータを用いて、受診率 A と1件あたり費用 D を計算する。

以上の関係から、保険者別の療養給付費、療養費、高額療養費そしてその他の給付費を集計した医療給付費 R は、次のように得られる。

$$\text{医療給付費 } R_i = \Sigma_j \text{被保険者数 } P_{ij} \times \text{被保険者あたり費用 } Q_{ij} \quad (7)$$

医療給付費 R から公費 X を減算し、保険料収納額が導出される。このとき公費については、事務費負担金、療養給付費等負担金、高額医療費共同事業負担金、特定健康診査等負担金、普通調整交付金、特別調整交付金、出産育児一時金補助金、特別対策費補助金などの国庫支出金、高額医療費共同事業負担金、特定健康診査等負担金、第1号都道府県調整交付金、第2号都道府県調整交付金、広域化等支援基金支出金、その他などの都道府県支出金、高額医療費共同事業交付金、保険財政共同安定化事業交付金などの共同事業交付金を用いる[12]。また一般会計（市町村補助）繰入金では、保険基盤安定（保険税軽減分）、保険基盤安定（保険者支援分）、基準超過費用、職員給与費等、出産育児一時金等、財政安定化支援事業、その他を使用する。公費 X の添え字 m と表す（$m=1,\cdots,23$）。

$$\text{保険料収納額 } S_i = \text{医療給付費 } R_i - \Sigma_m \text{公費 } X_i \quad (8)$$

保険料収納額 S に（1 － 収納率 V）を乗じると、保険料調定額 T が求められる。さらに、軽減・減免措置額 K を加算すると、保険料算定額 U が計算できる[13]。

$$\text{保険料調定額 } T_i = \text{保険料収納額 } S_i \times (1 - \text{収納率 } V_i) \quad (9)$$

$$\text{保険料算定額 } U_i = \text{険料調定額 } T_i + \text{軽減・減免措置額 } K_i \quad (10)$$

なお、ここでの軽減・減免措置の種類を示す添え字 n として、それぞれ、所得割軽減（$n=1$）、均等割軽減（$n=2$）、災害等による減額（$n=3$）、その他の減免額（$n=4$）、そして限度額を超える金額（$n=5$）を表すとする（$n=1,\cdots,5$）。

2.4 国民健康保険料の要因分解と地域間格差

第1に、前項のモデルを用いて国民健康保険料における医療給付の要因分解を行う。国民健康保険制度においては、どのような医療給付が要因となって保険料収納額が決められているのか、その地域間格差はどの程度生じているのか、これらについて検討しよう。図4.4を参照されたい。

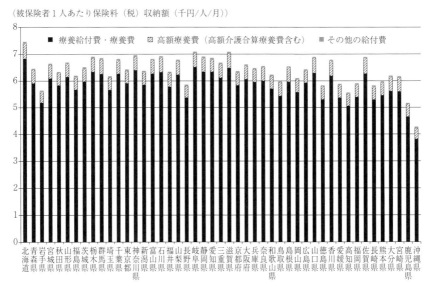

図4.4 被保険者あたり保険料収納額の内訳

医療給付費には、療養給付費・療養費、高額療養費、そしてその他の給付費がある。保険料収納額におけるシェアをみると、9割以上を療養給付費・療養費が占めており、高額療養費とその他の給付費は1割を下回っている。それぞれの費用の変動係数は、療養給付費・療養費が市町村単位と都道府県単位で0.169と0.091、高額療養費は0.168と0.077であるのに対し、その他の給付費については0.510と0.269と高い値が計算された。

　医療給付費の大半は療養給付費・療養費が占めているものの、変動係数は相対的に低く、地域間格差は抑えられている。高額療養費については地域間格差も低い。変動係数を市町村単位と都道府県単位でみると、療養給付費・療養費、高額療養費そしてその他の給付費の全てに共通して市町村単位よりも都道府県単位のほうが低い値となった。

　このことから、療養給付費・療養費が国民健康保険料のシェアの多くを占めており、地域間格差は小さく、市町村単位から都道府県単位に拡大するとともに、地域間格差は小さくなる傾向にある。

　第2に、医療給付費と課税総所得金額の変動係数と相関関係を検証する（図4.5参照）。被保険者あたり医療給付費と被保険者あたり課税総所得金額の平均は、市町村単位で28,380円と45,742円であった。

　それぞれの値に地域間格差があるかを変動係数で評価したところ、医療給付費の変動係数は市町村単位で0.164であるが、都道府県単位では市町村単位よりも小さい値の0.118となった。課税総所得金額の変動係数は、市町村単位で0.361となり、医療給付費の変動係数の2倍以上の値を示している。課税総所得金額についても医療給付費と同様に、市町村単位の変動係数よりも都道府県単位の変動係数の値のほうが下回った。医療給付費と課税総所得金額の変動係数の差を見ると、市町村単位より都道府県単位のほうが小さい傾向にある。

　医療給付費と課税総所得金額の関係については、市町村単位と都道府県単位から相関指標を用いて評価した。その結果、市町村単位の医療給付費と課税総所得金額の相関関係は▲0.274であるのに対し、都道府県単位の相関関係

第4章 社会保険料の負担構造（Ⅰ） 93

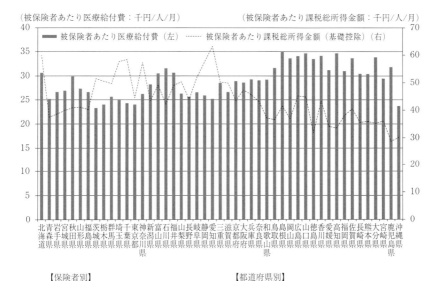

図4.5 医療給付費と課税総所得金額との関係

数は▲0.455となり、負の関係が強くなった。

したがって、医療給付費に比べて課税総所得金額のほうが地域間格差が大きく、その格差は市町村単位から都道府県単位に拡大するほど小さくなる傾向にある。医療給付費と課税総所得金額の相関関係については負の関係にあり、市町村単位よりも都道府県単位のほうが相関係数の値が大きい結果となった。

第3に、医療給付費と保険料の関係をみる（図4.6参照）。本節では賦課方式や軽減・減免措置そして収納率の影響を区別し、保険料を保険料算定額、保険料調定額、そして保険料収納額の3つの変数を用いる。

被保険者あたり保険料の平均は、保険料算定額が8,730円、保険料調定額

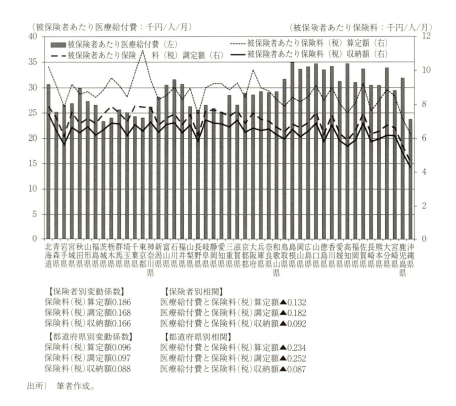

図4.6　医療給付費と保険料の関係

は6,998円、保険料収納額は6,399円である。保険料算定額と保険料調定額を比べると軽減・減免措置によって平均2割近くまで保険料が低くなる。保険料調定額と保険料収納額から、収納状況によって0.07％の保険料の低下を招いていることがわかる。

　被保険者あたり保険料の市町村格差を算出したところ、保険料算定額の変動係数は0.186であるのに対し、保険料調定額は0.168、保険料収納額は0.166が算出された。つまり、算定段階で保険料の格差は軽減・減免措置によって縮まっており、保険料の徴収によって若干であるものの縮小傾向が見

られた。この変動係数は、保険料算定額、保険料調定額そして保険料収納額に共通して都道府県単位の変動係数が市町村単位の変動係数を下回る傾向にある。

市町村単位と都道府県単位を比較した場合には、保険料算定額と保険料調定額では都道府県単位の変動係数が市町村単位の変動係数よりも高い値を示しており、保険料収納額では逆の傾向がみられた。

つぎに保険料と医療給付費との関係を相関から評価した。保険料算定額、保険料調定額、保険料収納額の全てで医療給付費との相関係数は負の値が算出された。これは市町村単位であろうと都道府県単位であろうと負の相関がみられた。

以上のことから、軽減・減免措置によって保険料の地域間格差が縮小し、市町村単位から都道府県単位に拡大することでその格差は一層縮まることが示された。医療給付費と課税総所得金額また医療給付費と保険料の受益と負担の関係では、ともに負の相関関係にあることが明らかとなった。

2.5 軽減・減免措置の効果と受益と負担の関係

続いて、軽減・減免措置が受益と負担に与える影響を検証する。図4.7に軽減・減免措置の内訳を示し、図4.8に軽減・減免措置が保険料に与える効果を検討する。

図4.7より、軽減・減免措置額を被保険者あたりで計算すると、市町村単位で最大が北海道の猿払村の9,131円で、最小が東京の御蔵島村の331円である。その9割近くを保険料軽減額と賦課限度額の軽減が占めている[14]。

軽減・減免措置の地域間格差を算出したところ、軽減・減免措置全体の市町村単位の変動係数は0.411の値となり、保険料軽減額のみではほぼ同じ値で、賦課限度額による減免額は1.021と強い地域間格差があることが示された。だが、都道府県単位に拡大した場合、全ての値で地域間格差が緩和される。

軽減・減免措置と課税総所得金額の関係を検証した結果、軽減・減免措置

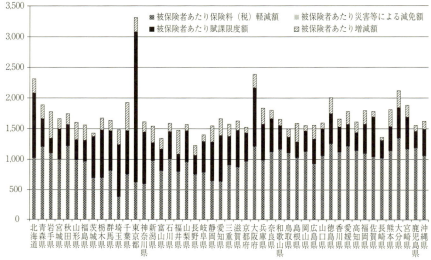

図 4.7 軽減・減免措置の内訳

を全て実施した保険料と課税総所得金額との間には正の相関が認められるものの、保険料軽減のみを実施した場合では負の相関が、賦課限度額による減免を実施した場合では正の相関がある。

以上のことから、軽減・減免措置には地域間格差が生じているが、都道府県単位化がなされると格差が緩和される。軽減・減免措置を実施した保険料と課税総所得金額とは正の相関があることから、軽減・減免措置を行ったとしても所得が高い地域では保険料も高い結果となった。

さらに、軽減・減免措置を実施した場合に、被保険者あたり保険料収納額

第4章 社会保険料の負担構造（Ⅰ） 97

（被保険者あたり保険料（税）収納額（円/人/月）

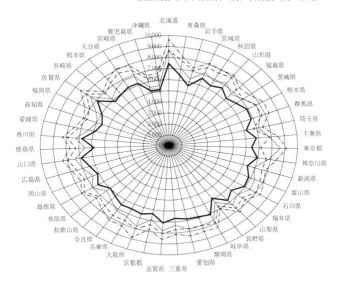

出所） 筆者作成。

図4.8 軽減・減免措置が保険料に与える影響

への影響を検証した。図4.8では軽減・減免措置を全て実施した場合、保険料軽減額のみを実施した場合、賦課限度額の減免措置を実施した場合、そして軽減・減免措置を全て実施しなかった場合で被保険者あたり保険料収納額がどのように変化するかを推計した。

その結果、被保険者あたり保険料収納額について、市町村単位でみると軽

減・減免措置を実施しなかった場合では最大が北海道の猿払村の 20,988 円、最小には沖縄の粟国村が 3,407 円になる。

軽減・減免措置を実施した場合、被保険者あたり保険料収納額の最大と最小は、北海道の猿払村の 11,973 円と沖縄の粟国村の 2,691 円の値が計算された。一方、都道府県単位で推計した結果、軽減・減免措置を実施しなかった場合では最大の北海道の 9,655 円と沖縄県の 6,593 円が最小となり、軽減・減免措置を実施した場合は北海道が 7,456 円で沖縄県が 5,136 円と減少した。

したがって、軽減・減免措置を実施した場合としない場合の差額をみると、その値は市町村単位の保険料軽減額のみを実施した場合では平均 862 円、賦課限度額の減免のみの場合では平均 522 円、軽減・減免措置を全て実施した場合では平均 1,579 円の軽減となる。

都道府県単位の平均でみると、保険料軽減額のみを実施した場合では平均 898 円、賦課限度額の減免のみの場合では平均 475 円、軽減・減免措置を全て実施した場合では平均 1,562 円の軽減となる。

一方、変動係数をみると軽減・減免措置を実施しなかった場合の保険料収納額は、市町村単位で 0.181 と都道府県単位で 0.075 であるのに対し、全ての軽減・減免措置を実施した場合の市町村単位の変動係数は 0.166 で、都道府県単位の変動係数は 0.078 であることから、保険料収納額が拡大傾向にある。

それぞれの軽減・減免措置の影響を検証すると、保険料軽減額のみを実施した場合では保険料収納額の市町村単位の変動係数は 0.202 であるのに対し、都道府県単位の変動係数は 0.096 となった。また、賦課限度額の減免措置をのみを実施した場合の保険料収納額の市町村単位の変動係数は 0.152 で都道府県単位の変動係数は 0.062 となり軽減・減免措置の種類によって変動係数が異なることが示された。

したがって、軽減・減免措置を実施したことで被保険者あたり保険料収納額は抑えられるものの、保険料収納額の地域間格差は拡大傾向にあり、その

格差は市町村単位が都道府県単位の変動係数を上回る結果となった。

本節では国民健康保険制度の医療給付費と保険料に着目し、地域間格差および受益と負担から検討を行った。保険料を給付内容で要因分解したところ、療養給付費のシェアが最も大きく、変動係数が小さいことからすべての地域で同じ傾向にあることが示された。保険料は算定額、調定額そして収納額の全てで地域間格差がみられ、医療給付費と保険料の関係では軽減・減免措置が実施されると受益と負担のバランスが崩れることが明らかとなった。

3. 後期高齢者医療保険料の負担構造

3.1 受益と負担の関係からみた後期高齢者医療制度

「高齢者の医療の確保に関する法律」をもとに、2008年4月からは75歳以上の後期高齢者のみを対象とした後期高齢者医療制度が施行された。後期高齢者医療制度は、国民健康保険制度の課題等を踏まえ、医療給付費という受益に対し、保険料賦課の負担の適切なバランスを目指して設立された制度である。

その背景には、1973年の老人医療費の無料化に端を発する問題があった。老人医療費の無料化は、「サロン化」や「社会的入院」といった弊害を招き、過大な医療給付費を現役世代が負担する構造をもたらした。その要因として、財政負担と保険者運営の分離、現役世代と高齢者世代の間での不明確な費用負担、さらに保険者間の地域間格差があげられる。この反省に立った後期高齢者医療制度の導入は、医療費水準に応じた適切な保険料の設定とその負担を、高齢者自身が請け負うシステムの構築を目指した。なお、保険者は都道府県単位の後期高齢者医療広域連合である。

とはいえ、後期高齢者にも所得の世代内格差の問題が生じている。所得格差が起因となって、後期高齢者間の健康格差を招いていると指摘されている。大竹（1994, 2005）、岩本（2000）、白波瀬（2002）、小塩（2004）、小塩・田近・府川（2006）は、年齢階層内の所得格差が高齢者を中心に拡大傾向にあるとし

ている。Wilkinson (1992)、Subramanian and Kawachi (2004)、Wilkinson and Pickett (2006)は、この所得格差が健康の主観的評価に影響を与えるとし、国内でも近藤(2005)、川上・小林・橋本(2006)、Oshio and Kobayashi (2009)、小塩(2010)が、同様の見解を述べている。また、Ichida et al.(2009)とOshio and Kobayashi(2009)は社会経済的格差と高齢者の健康に関連について、ジニ係数を指標に異なる規模の地域で検証している。

したがって、所得稼得能力が乏しいと考えられる後期高齢者は健康問題に対峙している可能性が高い。医療費給付に応じた適切な保険料の設定とその負担を後期高齢者に求めつつも、保険料を算定するとき被保険者の所得を反映していくことも重要であろう。

ならば医療給付に対し、社会保険料ではまかないきれない不足分が生じることとなり、公費の投入も考えざるをえない。公費の投入は、受益と負担の歪みを招くことを意味している。小松(2008)は、後期高齢者医療制度の保険者間の所得格差に対して投入されている普通調整交付金に注目している。普通調整交付金の算定方式が、所得格差を除きつつも保険料負担に歪みが生じていることを、理論的に示している。

以上のことから、租税ならびに保険料を相対的に多く負担する現役世代と、給付を多く受ける高齢者世代の間で、さらには高齢者世代にも、受益と負担のバランスを図ることは重要である。とはいえ、高齢者については、世代内の所得格差の拡大が、健康格差の拡大をもたらしている可能性が高く、その観点から一定の公費の投入は必要であると考えられる。

本節では、後期高齢者医療制度における医療給付費と保険料の受益と負担のバランスを検討する。保険料には、所得と被保険者数に応じた賦課方式によって計算された保険料算定額と保険料算定額に軽減・減免措置を考慮した保険料調定額がある。本節ではこの2種類の保険料を用い、医療給付費と保険料の受益と負担の関係について、軽減・減免措置による再分配効果も併せて検証する。

3.2 後期高齢医療制度の財政の仕組み

後期高齢医療制度の財源は公費、支援金、保険料そして自己負担の4つからなり、自己負担には現役並み所得を有する被保険者と、それ以外の被保険者が負担している。図4.9の全体の面積は、後期高齢者医療費から自己負担を除いた医療給付費を示しており、その内訳は5割が公費、4割が支援金、そして残り1割を後期高齢者が負担する[15]。

公費の内訳は、8.3％が調整交付金、25％が定率国庫負担金、8.3％が定率都道府県負担金そして8.3％が定率市町村負担金で構成されている。調整交付金には、広域連合の財政力格差の均衡を目的とする普通調整交付金と、災害その他特別の事情等に配分される特別調整交付金がある。

また使途を明確にした公費の投入も行われている。保険料未納のリスク、

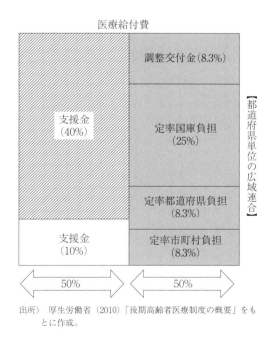

出所) 厚生労働省 (2010)「後期高齢者医療制度の概要」をもとに作成。

図4.9 後期高齢者医療制度における医療給付費の財源内訳

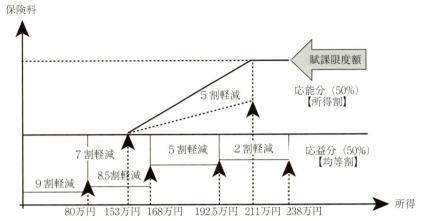

出所）　厚生労働省（2010）「後期高齢者医療制度の概要」をもとに作成。

図4.10　保険料軽減・減免措置

給付のリスク及び保険料上昇抑制には財政安定化基金が設定されている。高額医療費に対する支援や特別高額医療費共同事業は、高額医療費が発生することで生じる医療給付費の急増の影響を緩和するために設けられている。

図4.10にあるように、後期高齢医療制度の保険料は、個人単位の賦課方式をとっており、被保険者全員を対象とする均等割と一定の所得に課される所得割で構成されている。過去の老人保健制度では、被扶養者資格で加入している高齢者には納付義務がなかったが、後期高齢者医療制度では保険料負担を課している。また、低所得者を対象とした様々な対策が保険料の算定段階で組み込まれている。

第1に軽減・減免措置が実施されている。所得割軽減、均等割軽減、賦課限度額に対する減免措置、災害等に対する減免措置、その他の減免措置がある。ここで所得割軽減とは、「賦課のもとになる所得金額」（たとえば旧但し書き所得）が一定以下である場合に、その金額に応じて軽減額が決まる[16]。均等額割については同世帯の被保険者全員と世帯主の「総所得金額を合計した額」が一定以下の世帯については均等割額を軽減する[17]。

第 4 章　社会保険料の負担構造（Ⅰ）　103

　後期高齢者医療の保険料は、所得の高い被保険者の負担が過大にならないように 2008 年度の制度創設時には年間 50 万円の賦課限度額を設定した。だが、1 人あたり医療給付費の増加にともない、平均保険料額が上昇し、低所得者層の負担が膨らむ事態となった[18]。また国民健康保険料とのバランスも考慮し、賦課限度額は 2012 年には 10％の引上げを決定した[19]。

　災害等に対する減免措置とは、被保険者が災害によって居住する住宅や家財又はその他の財産について、著しい損害を受けた場合に実施される減免措置である。申請によって被害を受けた月から 1 年以内において月割保険料額の半額又は全額が減免される。

　第 2 に、後期高齢者医療制度には、低所得者層を中心に手厚い保険料の軽減対策が補正予算に組み込まれてきた。被用者保険の被扶養者の保険料負担を 9 割軽減とする措置といった保険料軽減措置が実施されている[20]。

　このように後期高齢者医療制度の財源には保険料、公費、支援金そして自己負担がある。以上の医療制度を考慮して、次節では都道府県別に後期高齢者医療保険料の要因分解を行い、軽減・減免措置が保険料に与える影響を推計する。

3.3　後期高齢者医療保険料の要因分解の推計方法

　本項では、保険者別の後期高齢者医療制度の保険料の要因分解の推計方法を記す。なお、分析における保険者の単位は都道府県である。推計手順のイメージを図 4.11 に示す。

　被保険者あたり費用 O は受診率 A、1 件あたり日数 B、1 日あたり費用 C に分解できる。なお、添え字 i は都道府県（$i=1,\cdots,47$）を示す。また、添え字 j（$j=1,\cdots,7$）は療養給付費の種類であり、具体的には入院費、入院外費、歯科費、調剤費、食事療養・生活療養費、訪問看護を表す。

$$\text{被保険者あたり費用 } O_{ij} = \text{受診率 } A_{ij} \times \text{1 件あたり日数 } B_{ij} \times \text{1 日あたり費用 } C_{ij} \quad (11)$$

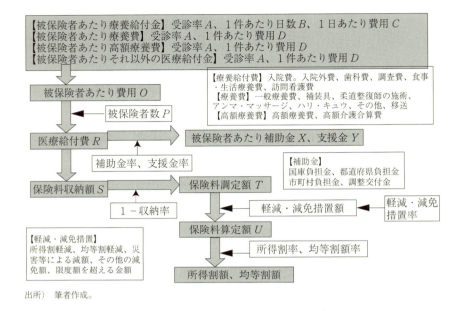

図4.11 後期高齢者医療保険料の要因分解の推計手順

ここで、右辺の変数は、さらに以下のように分解できる。

$$受診率 A_{ij} = 件数 a_{ij} / 被保険者数 P_{ij} \tag{12}$$

$$1件あたり日数 B_{ij} = 日数 b_{ij} / 件数 a_{ij} \tag{13}$$

$$1日あたり費用 C_{ij} = 費用 c_{ij} / 日数 b_{ij} \tag{14}$$

本節で使用するデータは、厚生労働省（2010）『後期高齢者医療事業状況報告　第2表　都道府県医療費の状況』である。都道府県別・療養給付費別の被保険者数 P、療養給付費別の件数 a、日数 b、費用 c のデータを取得し、受診率 A、1件あたり日数 B、1日あたり費用 C を計算する。

続いて、日数のデータが判明しない療養費については、下記のように被保

険者あたり費用 O を分解する。ここでの療養費（$j=8,\cdots14$）は、一般診療、補装具、柔道整復師の施術、アンマ・マッサージ、ハリ・キュウ、その他、移送費である。また、高額療養費（$j=15$）、高額介護合算療養費（$j=16$）、葬祭費（$j=17$）である。

$$被保険者あたり費用 O_{ij} = 受診率 A_{ij} \times 1件あたり費用 D_{ij} \quad (15)$$

先と同様に、1件あたり費用 D は次のように分解できる。

$$1件あたり費用 D_{ij} = 費用 c_{ij} / 件数 a_{ij} \quad (16)$$

同じく『後期高齢者医療事業状況報告　第2表　都道府県医療費の状況』より、都道府県別・療養費等別に、件数 a と費用 c を取得する。これらのデータを用いて、受診率 A と1件あたり費用 D を計算する。

以上の関係から、都道府県別の療養給付費、療養費、高額療養費そして葬祭費を集計した医療給付費 R は、次のように得られる。

$$医療給付費 R_i = \Sigma_j 被保険者数 P_{ij} \times 被保険者あたり費用 O_{ij} \quad (17)$$

医療給付費 R から補助金 X と支援金 Y を減算し、保険料収納額が導出される。補助金 X の添え字 m として、それぞれ、調整交付金（$m=1$）、定率国庫負担金（$m=2$）、定率都道府県負担金（$m=3$）、定率市町村負担金（$m=4$）を表すとする（$m=1,.,4$）。

$$保険料収納額 S_i = 医療給付費 R_i - \Sigma_m 補助金 X_i - 支援金 Y_i \quad (18)$$

保険料収納額 S に（$1-$ 収納率 V）を乗じると、保険料調定額 T が求められる。さらに、軽減・減免措置額 K を加算すると、保険料算定額 U が計算できる。

$$保険料調定額 T_i = 保険料収納額 S_i \times (1 - 収納率 V_i) \quad (19)$$

$$\text{保険料算定額 } U_i = \text{保険料調定額 } T_i + \Sigma_n \text{軽減・減免措置額 } K_i \quad (20)$$

なお、ここでの軽減・減免措置の種類を示す添え字 n として、それぞれ、所得割軽減（$n=1$）、均等割軽減（$n=2$）、災害等による減額（$n=3$）、その他の減免額（$n=4$）、そして限度額を超える金額（$n=5$）を表すとする（$n=1,..,5$）。

3.4 後期高齢者医療保険料の要因分解と地域間格差

前節で構築した推計モデルを用い、本節では第1に都道府県別の保険料の要因分解を行う。本節の用いる推計モデルでは、保険料調定額を医療給付サービス別に分解することが可能である。図4.12では各種の医療給付サービスが、1人あたりの保険料調定額に与える影響を検証している。

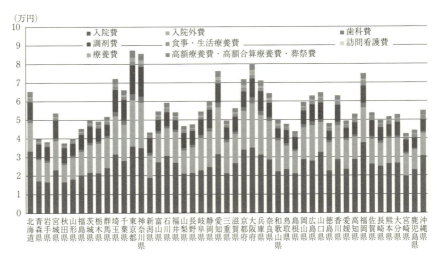

【変動係数】入院費0.210　食事・生活療養費0.231　入院外費0.252　訪問看護費0.417　歯科費0.395
療養費0.791　調剤費0.284　高額療養費・高額合算療養費・葬祭費0.286
【保険料に対する平均シェア】入院費46.1%　入院外費28.4%　歯科費2.8%　調剤費14.4%　食事・生活療養費3.2%　訪問看護費0.2%　療養費1.0% 高額療養費・高額合算療養費・葬祭費3.7%
出所）　筆者作成。

図4.12　被保険者あたり保険料に占める医療給付費の内訳

第4章　社会保険料の負担構造（Ⅰ）　107

　保険料に占める医療給付費の割合が最も大きい費目は、入院費で46.1%と給付費の半分近くを占めている。次に入院外費と調剤費が28.4%と14.4%と続き、それ以外の歯科費、食事・生活療養費、訪問看護費、療養費そして高額療養費・高額合算療養費・葬祭費は5.0%未満とわずかである。

　それぞれの医療給付サービスの都道府県別の格差を変動係数で検討したところ、療養費の変動係数が最も高く0.791、次に訪問看護費が0.417と続く。一方、医療給付費の多くのシェアを占める入院費、入院外費そして調剤費は0.210、0.252、0.284と他の給付サービスと比べ、地域間格差が小さいことがわかる。

　したがって、医療給付サービスは入院費と入院外費と調剤費で9割近くを説明できており、その費目には都道府県間に地域間格差があるものの、他の

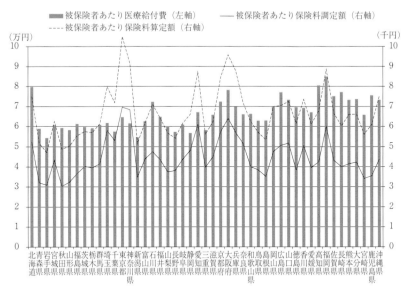

【変動係数】医療療給付費0.115　保険料調定額0.216　保険料算定額0.196

出所）　筆者作成。

図4.13　被保険者あたり医療給付費と保険料との関係

給付サービスと比べて小さいことが示された。

第2の分析として、都道府県別に被保険者あたり医療給付費と被保険者あたり保険料調定額、被保険者あたり医療給付費と被保険者あたり保険料算定額との関係を比較する。推計結果は図4.13で示す。

各費用を都道府県別の変動係数でみると、被保険者あたり医療給付費が0.115に比べ、被保険者あたり算定額では0.196と高い。軽減・減免措置を行った場合の被保険者あたり保険料調定額については0.219とさらに高くなる。

最後に、医療給付費と保険料の関係をみる。なお、賦課方式と軽減・減免措置の影響も検証するため、医療給付費と保険料算定額、そして医療給付費と保険料調定額の2つの値を計算した。その結果、医療給付費と保険料調定額の相関係数は0.366で、医療給付費と保険料算定額の相関係数は0.493となった。

つまり、医療サービスとして受ける受益に対し、その負担となる保険料の都道府県別の変動係数を比べると、負担の方が大きいことがわかる。また、保険料について、軽減措置を実施する前の保険料算定額よりも、軽減措置実施後の保険料調定額のほうが、変動係数が高くなる。低所得者を対象とした軽減・減免措置は都道府県内の所得格差を縮小することを目指しているが、結果として都道府県の地域間格差を広げていることが示されている。また医療給付費と保険料の関係では正の相関が認められるものの、軽減・減免措置による再分配によって正の相関は弱まる結果となった。

3.5　後期高齢者医療保険料における軽減・減免措置の効果

前項の結果を踏まえ、軽減・減免措置の効果について検証する。図4.14にその結果を示す。

図4.14では、被保険者あたり調定額を指標に、2010年被保険者あたり保険料、軽減・減免措置を実施しない場合、所得割軽減措置のみを実施した場合、均等割軽減措置を実施した場合、そして賦課限度額を超える軽減措置の

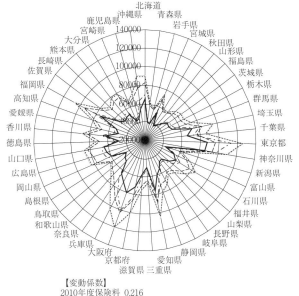

図 4.14 軽減・緩和措置による被保険者あたり保険料への影響

みを実施した場合の 4 つのパターンを推計する。

　推計結果から、軽減・減免措置を実施しない場合の保険料算定額の平均が 80,336 円であるのに対し、全て実施した場合の保険料調定額の平均は 56,134 円（保険料算定額より 31％減少）である結果が得られた。このとき軽減・減免措置によって値の変動が異なることが示された。具体的には、所得割軽減のみを実施した場合では保険料調定額の平均は 79,468 円（保険料算定額より 0.02％減少）に留まるが、均等割軽減を行った場合では減額幅が高く 61,181 円（保険料算定額より 24％減少）にまで保険料調停額が低く

なることがわかった。さらに賦課限度額を超える軽減措置については73,256円（保険料算定額より9％減少）という値が算出された。

被保険者あたり医療給付費は、福岡県が最も多く1,019,205円で、最も少ない651,489円の岩手県と比べると1.56倍である。被保険者あたり算定額も東京都の125,957円で、最小が岩手県で56,644円である。被保険者あたり保険料調定額は、東京都が最多で83,596円で、30,306円の秋田県に比べると2倍以上である。この差額が最も大きいのが東京都の42,361円で、長野県が最も少なく19,234円である。

都道府県格差をみると軽減・減免措置を全て実施した2010年保険料調定額の変動係数が0.219であるのに対し、軽減・減免措置を実施しない場合の保険料算定額は0.199と変動係数が小さい結果となった。さらに軽減・減免措置の種類に応じてみていくと、賦課限度額減免措置のみを実施した場合では保険料調定額の変動係数が0.153、所得割の軽減措置後では0.200、均等割の軽減措置後では0.275と変動係数が高くなっている。

軽減・減免措置は都道府県間格差を広げており、その種類によって影響が異なることが示された。なかでも均等割は軽減・減免措置のなかで多くシェアを占めており、均等割のみを実施した場合の都道府県格差が大きい。

本項では、軽減・減免措置によって最も格差を広げている均等割軽減措置について検証した。図4.15に結果を示す。均等割軽減には世帯ごとの所得に応じて、軽減割合を変えており、9割軽減、8.5割軽減、5割軽減そして2割軽減の4種類がある。それらの軽減割合ごとに検証した。その結果、各軽減を実施した場合の被保険者あたり調定額の平均をみると、9割軽減のみを実施した場合では72,941円であるのに対し、8.5割軽減は75,153円、5割軽減は79,802円、2割軽減は79,824円となった。

つまり軽減率が高いほど、被保険者あたり調定額が下がる結果が示された。このとき9割軽減、8.5割軽減、5割、2.5割軽減のみを実施した場合、都道府県別の被保険者あたり調定額の最大と最小は東京都と岩手県という結果となった。

第 4 章　社会保険料の負担構造（Ⅰ）　111

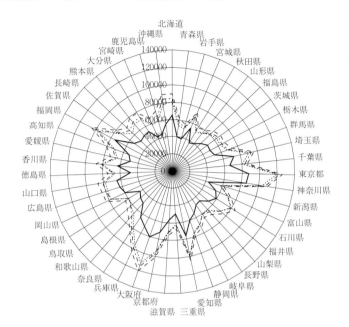

図 4.15　均等割軽減措置による被保険者あたり保険料への影響

　都道府県間格差を算出したところ、最も軽減率が高い 9 割軽減と 8.5 割軽減の変動係数が 0.213、0.215 であるのに対し、5 割軽減は 0.201、2 割軽減では 0.200 と値が小さい結果となった。以上のことから、均等割軽減が低い割合であるほど、被保険者あたり調定額が高くなる傾向にあるが、都道府県間格差については抑えられていることが明らかとなった。

4. まとめ

　本章では国民健康保険制度と後期高齢者医療制度の医療給付費と保険料に着目し、地域間格差と受益と負担の関係を検証した。国民健康保険制度の医療給付の内訳を検証したところ、入院や入院外を含む療養給付費・療養費が給付費の多くを占めており、地域間格差が小さいことがわかった。後期高齢者医療制度では、さらに細かく給付内容の検討を行い、入院、入院外と療養費を区別して要素分解したところ、給付費の過半が入院および入院外が占めており、地域間格差が小さいことが示された。

　医療給付費として受ける受益に対し、その負担となる保険料との関係については、賦課方式で導出された保険料算定額、軽減・減免措置を差し引いた保険料調定額および収納率を加味した保険料収納額によって異なる結果となった。このとき軽減・減免措置による再分配効果によって、医療給付費と保険料の相関が弱まることが国民健康保険制度および後期高齢者医療保険に共通して見られた。同時に、軽減減免措置は地域間格差を広げる効果があることが明らかとなった。

　つまり、軽減措置を実施する前の保険料算定額よりも、軽減措置実施後の保険料調定額のほうが、地域間格差が拡大していることが示された。このことから、低所得者を対象とした軽減・減免措置は都道府県内の所得格差を縮小することを目指しているものの、一方で地域間格差を広げていることが示唆される結果が得られた。

注
1) 社会保険料と税が異なる性質をもつ財源であることは、序章5頁の記述を参照。
2) 公費については序章2頁の記述および図0.1を参照。
3) 国民健康保険制度には、保険料と保険税が混在しているため、国民健康保険料（税）が正しい表記ではあるが、簡便化のため、以下では保険料の表記で統一する。
4) 格差については様々な視点から論じられている。たとえば、浦川(2012)は健康格差に着目し公的医療保険制度の問題点をあげている。

5) 田中(2005)および厚生労働省(2012)「市町村国保の現状について」によると、保険料負担率が市町村国保では9.1%であるのに対し、協会けんぽが6.2%、組合健保が4.6%、共済組合が4.7%である。保険料負担率とは、被保険者1人あたり平均保険料を被保険者1人あたり平均所得で除した値である。国民健康保険の保険料負担率が相対的に高いことがわかる。
6) 保険料は年齢によって異なる。0歳から39歳は医療分保険料と支援金分保険料、40歳から64歳は医療保険料、支援金分保険料そして介護分保険料、65歳以上は医療分保険料と支援金分保険料を加算する。
7) 保険料の所得割算定方式は、2013年度から住民税方式と本文方式が廃止となり、旧但し書き方式に一本化された。旧但し書き方式とは、前年の総所得金額、山林所得金額、株式・長期（短期）譲渡所得金額などの合計から、基礎控除額33万円を控除した額に保険料を適用する方式である。ただし雑損失の繰越控除額は控除しない。
8) 具体的には、世帯の合計所得が33万円以下の場合には7割、世帯の合計所得が33万円に被保険者（世帯主を除く）1人あたり26万円を加算した金額以下の場合では5割、世帯の合計所得が33万円に被保険者1人あたり47万円を加算した金額以下の場合には2割の軽減が適応される。
9) 市町村国保の保険料収納率は1970年代には95%を超えていたが、2009年度の収納率は88.01%と過去最低となり、それ以降は上昇し2013年度で90.42%である。国民健康保険の保険料収納率については第7章が分析を行っている。
10) 厚生労働省(2009)「国民健康保険事業年報」によれば、被保険者あたり法定外繰入金が1万円を超える保険者がある都道府県には、埼玉県、東京都、神奈川県、愛知県、大阪府、沖縄県がある。
11) 医療給付費の算出には、『様式15　国民健康保険事業状況報告書（事業年報）C表（1）（平成22年度）』の保険給付状況を使用する。療養給付費と療養費は「1．医療給付の状況（1）全体」から、高額療養費は「2．高額療養費の状況」と「3．高額介護合算療養費の状況」から、その他の給付費は「4．その他の給付費の状況」から医療給付費のデータを得る。
12) 公費には『様式14　国民健康保険事業状況報告書（事業年報）B表（1）（平成22年度）』の「経理状況　1．収支状況及び資産・負債等の状況（1）収入状況及び支出状況」データを使用する。
13) 保険料については、『様式14　国民健康保険事業状況報告書（事業年報）B表（1）（平成22年度）』の「2．保険料収納状況（一般被保険者分）」から収納率を算出する。『様式14-2　国民健康保険事業状況報告書（事業年報）B表（2）（平成22年度）』の「4．保険料（医療給付分）賦課徴収状況（一般被保険者分）」、『様式14-2　国民健康保険事業状況報告書（事業年報）B表（3）（平成22年度）』の「5．保険料（後期高齢者支援金分）賦課徴収状況（一般被保険者分）」、『様式14-2　国民健康保険事業状況報告書（事業年報）B表（4）（平成22年度）』の「6．保険料（介護納付金分）賦課徴収状況（介護保険第2号被保険者分）」から保険料算定額、保険料軽減額、災害等による減免額、その他の減免額、賦課限度額を超える額、増減額、そして保険料調定額を使用する。
14) 保険料軽減額の最大は東京都青ヶ島村の2,968円で、最小は奈良県野迫川村の149円である。賦課限度額については最大が北海道猿払村の8,511円で、最小については限度額に係らない保険者が複数ある。具体的には、群馬県上野村、東京都青ヶ島村をはじめ複数の保険者で、賦課限度額による減免額の該当する被保険者が存在しない。

15) 支援金とは市町村国保や健康保険に加入する被保険者からの拠出金である。老人保健制度の支援金とは異なり、特定健康診査・特定保健指導の成果と連動とし、その成果によって金額が決まる。
16) 所得割軽減は、所得割を負担する被保険者の基礎控除額後の所得が58万円以下には所得割5割軽減を適応する。
17) 均等割には、所得に応じて7割、5割、2割の軽減が地方負担によって実施される。同一世帯内の被保険者及び世帯主の総所得金額等が一定の基準を下回る場合に軽減する。さらに7割軽減については、後期高齢者医療制度の被保険者全員が年金収入80万円以下の世帯については9割、それ以外は8.5割の軽減が国庫負担で行われている。
18) 後期高齢者医療制度では所得割を負担する世帯が35％に制限されている。これは約60％の世帯が所得割を負担する国民健康保険と比べ、所得割率の傾きが高くなることを意味する。賦課限度額の引き上げは、所得割率の傾きの緩和を図ることで負担能力に応じた構造を目指している。
19) 国民健康保険料賦課限度額は、2008年の後期高齢者医療制度創設当初は59万円であったが、2011年には65万円となり、3年間で10％の増加となった。
20) 2012年4月から被扶養者の保険料負担は、5割部分は法律上の措置として地方負担とし、9割部分までは予算上の措置として国庫負担とされている。

第 5 章
社会保険料の負担構造（II）
介護保険制度

1. はじめに

　前章で扱った国民健康保険制度と後期高齢者医療制度が、医療サービスに関する社会保険制度として重要な役割をになっている一方で、本章が取り上げる介護保険制度は、介護サービスに対する社会保険制度である。

　国民健康保険制度と後期高齢者医療制度と同様に、介護保険制度も地域保険であり、受益と負担の関係が重視される社会保険料を主な財源としている。介護保険制度の主な保険者は市町村であり、国民健康保険制度と共通している[1]。ただし、国民健康保険制度は、すべての国民を網羅する地域保険にはなっていないが、介護保険制度はすべての国民を網羅する地域保険であることに、大きな特徴がある。

　介護保険制度は社会保険制度としては比較的新しく、2000年度に創設された。高齢化が急速に進むなかで、創設当初から介護保険制度の持続可能性が問われてきた。図5.1にあるように、介護総費用の推移をみると、増加の一途をたどっていることがわかる。

　制度が創設された当初は3兆円程度であった介護総費用だが、わずか10年程度で3倍の9兆円近くにまで膨らんでいる。今後も高齢化の進展とともに、介護総費用が増えることは、容易に予想されるだろう。

　保険者は、3年を1期とする介護保険事業計画を策定するなかで、事業計画に定めるサービス費用見込額にもとづいて、3年間を通じて財政の均衡を保つよう、介護保険料を見直す。全体的に、介護保険料は増加傾向にあるが、

図5.1 介護総費用（年額）と介護保険料（全国平均月額）の推移

その増加幅を上回る推移で介護給付費が増えている。

　他の社会保険制度と同じく、介護保険制度においても、財源は自己負担、保険料、公費でまかなわれている。介護総費用から自己負担を差し引いた額が、介護給付費に相当する。介護給付費の約半分が保険料でまかなわれており、残り半分が公費によって支えられる。介護保険料は保険者が定める保険料基準額をもとに、被保険者の所得等に応じて設定されているが、図5.1にあるように、介護総費用と同じように、介護保険料も上昇傾向にある。

　介護保険料には第1号保険料と第2号保険料がある。第1号保険料は、65歳以上被保険者が負担する保険料で、定額負担である。40歳から64歳までの第2号被保険者が負担する第2号保険料は、定率負担となっている。

　図5.1の介護保険料の基準額は全国平均を用いている。現実の介護保険料は、保険者である市町村によって決められており、そのために地域間格差が生じる。さらに、給付水準によっても基準額が変動するため、地域間格差は

大きくなる。

　ナショナルミニマムの視点で考えるならば、本来、どの地域に住んでいても、被保険者の受益と負担は同程度であることが望まれよう。だが、第4章の医療保険制度でもみられたように、特定の地域の保険料が上昇し、被保険者への負担に格差が広がるならば、その格差が制度の持続可能性にも影を落としかねない。

　介護保険制度の受益と負担については、日本経済連合(2004)「介護保険制度の改革の概要」が、制度上の問題点としての介護総費用の増加への懸念に加えて、介護保険料の負担の格差をあげている。しかも、要支援及び軽度の要介護者を中心に介護給付費が増えていることで、受益に対する負担のバランスが課題だとされている[2]。

　介護保険制度の受益と負担について検討するためには、介護総費用の推計が必要である。代表的な先行研究である田近・油井(2001, 2003)、田近・菊池(2003, 2004)、菊池・田近・油井(2005)、菊池(2008)は、性別、年齢別、要介護度別そして介護サービス別に介護総費用及び第1号保険料のシミュレーションを行っている[3]。

　だが、これらの先行研究における介護総費用の推計や第1号保険料のシミュレーションでは、介護保険制度に特有の自己負担割合及び所得段階に応じた介護保険料が十分考慮されていない。また、先行研究はマクロデータを使用していることから、地域間格差が生じている介護保険料の実態をとらえきれていない。特定の地域の保険料が上昇し、被保険者への負担に格差が広がるならば、地域間格差によって制度の持続可能性が問われることになる。その点を明らかにするには地域単位のデータを用いて検証することが重要であろう。

　さらに、今後の介護保険料のあり方について検討するときには、諸外国の介護保険制度も参考になる。日本の介護保険制度の礎はドイツの制度である。また2008年に、ドイツ、日本に次いで本格的に介護保険制度を導入した国が韓国である。後に詳しく見るように、両国の制度に比べると、日本の制度

は、相対的に手厚い給付体制だといえる。さらに、被保険者の対象や自己負担割合についても異なる。日本の介護保険制度は、介護保険料を負担する被保険者が限定されており、介護保険サービスを利用するときに支払う自己負担割合が低い。そのことが、介護保険料を高めている可能性がある。

以上の問題意識をもちつつ本章では、第1に、都道府県別の被保険者数及び被保険者1人あたり給付費などのデータから、介護保険料の要因分解を行うモデルを構築する。第2に、構築したモデルを用いて、ドイツと韓国の介護保険制度を参考に、受益と負担の検討を行った。具体的には、居宅系サービスの重点化と施設系サービス提供の制限などを設けた「受益の適正化」や、自己負担割合の引き上げや被保険者の拡大による「負担の適正化」を行った場合に、どの程度の介護総費用及び被保険者1人あたり給付費が抑制されるのかを定量的に分析する。

2．介護保険制度の概要

日本では、介護保険制度の導入から10年が経過し、介護サービスは社会に定着してきたといえる。今後も介護サービスを利用する被保険者が増える可能性が高く、介護総費用の増加傾向は避けられないだろう。

介護総費用の増加の主要因は高齢化である。高齢化は全国で進んでいるものの、地域間で格差がみられる。今後は、特に埼玉県、千葉県そして神奈川県をはじめ首都圏の都市部を中心に高齢化が急速に進むとされている[4]。なお、40歳以上が被保険者となる介護保険制度では、高齢化のみが介護保険料を決定するわけではない。介護保険料は、65才以上の第1号被保険者と40才以上65才未満の第2号被保険者の人口で按分して設定される。そのため、第2号被保険者に相当する生産年齢人口が直面する人口減少も介護保険料の上昇に影響する。人口要因が、今後の介護保険料の地域間格差を生み出すかどうかが問題となる。

高齢化はその内容もさることながら、高齢者を取り巻く環境も問題となる。

65歳以上の高齢者のうち、認知症高齢者の日常生活自立度のⅡ度以上が増加しているなかで、65歳以上の世帯構成は単独世帯と夫婦のみ世帯が急増している[5]。家族機能の脆弱化は介護負担を増やす。高齢化の内容の変化は、介護サービスの給付の増加を招くだけでなく、多様なニーズに応じたサービスの提供が求められるようになる。

介護総費用の抑制を図りつつ、一定の介護サービスを身近な地域で受けられるよう、日本の介護保険行政は、「地域包括ケアシステム」の構築を掲げている。その内容は、どこに住んでいても、その人にとって適切な医療・介護サービスが受けられる社会を目指し、在宅医療の強化を行うものである。

具体的には、人口1万人程度の中学校区を地域包括ケアの単位として想定し、在宅医療と訪問看護の充実といった医療サービスの提供と、24時間体制の定期巡回、グループホームや小規模多機能サービスなどの地域に密着した在宅介護サービスの重点化である。

以上が日本の介護保険制度の動向であるが、同じく介護保険制度をもつドイツと韓国の制度を確認しよう。日本、ドイツ、韓国の介護保険制度の違いは表5.1に示している。

まずは、被保険者の範囲である。日本の介護保険制度は40歳以上が被保険者の要件である。一方、ドイツの介護保険制度は公的医療保険の加入者全員が被保険者である。また、韓国の介護保険制度は国民健康保険加入者が被保険者となる。つまり両国の制度とも、介護保険料を負担する被保険者の範囲が日本の制度よりも広い。

サービスの対象となる利用者とその内容についても、3国間で大きく異なっている。日本は、要介護度の軽度から重度のすべてを対象としており、予防サービスから在宅、地域密着型そして施設サービスと多様な介護サービスを提供している。しかしながらドイツや韓国では、日本の要介護度の基準で言えば、重度の要介護者だけを対象に在宅サービスと施設サービスのみを提供している。

さらに利用時の自己負担割合も異なる。日本では原則1割負担だが、韓国

表 5.1 日本、ドイツ、韓国の介護保険制度の国際比較

	日本	ドイツ	韓国
名称	介護保険法	要介護度のリスクの社会的保護に関する法律	老人長期療養保健法
保険者	市町村（全国で約1700程度）	介護金庫（全国で約280）	国民健康保険公団（全国で1）
被保険者	40歳以上	公的医療保険加入者	国民健康保険加入者
要介護度	7段階（要支援と要介護）	3段階（重度のみ）	3段階（重度のみ）
保険給付内容	予防サービス 在宅サービス 地域密着型サービス 施設サービス	在宅サービス 施設サービス	在宅サービス 施設サービス
自己負担割合	1割負担	なし	在宅サービスが1割負担 施設サービスが2割負担
財源構成	利用者負担以外は公費と保険料で2分の1の負担	全て保険料負担	利用者負担以外は公費と保険料で負担。国庫負担は公費負担の20％相当額。

出所) 増田(2008)をもとに筆者作成。

では在宅サービスが1割で、施設サービスが2割となっており、サービスの内容によって自己負担割合が異なる[6]。

ドイツと韓国では、そもそも介護保険制度の設計そのものが日本の制度と異なっている。日本において、介護保険料の抑制が重要であるならば、ドイツと韓国の介護保険制度を参考にして、介護保険料の抑制政策の可能性が検討されるべきだと考える。

以上を受けて、次節以降では日本の介護保険料の要因分解を都道府県別に推計する。

3．介護保険料の要因分解の推計方法

本節では、都道府県別の介護保険料の要因分解の推計方法を記す。推計手

第 5 章　社会保険料の負担構造（Ⅱ）　121

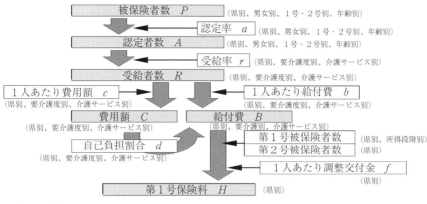

出所）　筆者作成。

図 5.2　都道府県別の第 1 号保険料の要因分解の推計方法

順のイメージは、図 5.2 に示している。

第 1 に、厚生労働省『介護保険事業状況報告　月報』2010 年 10 月分より、都道府県別の 65 歳以上 75 歳未満、75 歳以上の男女別の第 1 号被保険者数データ P_1 を取得する。また、国立社会保障・人口問題研究所『都道府県別将来推計人口（2011 年 5 月推計）』より、65 歳未満の男女別の第 2 号被保険者数データ P_2 を取得する。

第 2 に、『介護給付費実態調査月報（各月審査分）』2010 年 10 月分より男女別・年齢別・要介護度別の認定者数データ A、厚生労働省『介護保険事業状況報告　月報』2010 年 10 月分より都道府県別・要介護度別の 65 歳以上 75 歳未満、75 歳以上の第 2 号被保険者の認定者数データ A を取得する。

被保険者数 P と認定者数 A のデータを元に、下記の(1)式から認定率 a を計算する。なお、添え字 i は都道府県（$i=1,\cdots,47$）、j は男女（$j=1,2$）k は年齢（5 歳階級）（$k=1,\cdots,13$）、l は被保険者の 1 号と 2 号の種別（$l=1,2$）を示す[7]）。

$$認定者数 A_{ijkl} = 認定率 a_{ijkl} \times 被保険者数 P_{ijkl} \tag{1}$$

第3に、『介護給付費実態調査月報（各月審査分）』2010年10月分、厚生労働省『介護保険事業状況報告 月報』2010年10月分より要介護度別・介護サービス別の受給者数データ R を取得する。

認定者数 A と受給者数 R のデータをもとに、下記の(2)式から受給率 r を計算する。なお、添え字 m は要介護度（要支援）（$m=1,\cdots,7$）、n は介護サービスの種類（$n=1,\cdots,40$）である[8]。

$$受給者数\ R_{imn} = 受給率\ r_{imn} \times \Sigma_j \Sigma_k \Sigma_l 認定者数\ A_{ijkl} \quad (2)$$

第4に、『介護保険事業状況報告（年報）』2010年度より、要介護度別・介護サービス別の費用額データ C を取得する。受給者数 R、費用額 C のデータをもとに、下記の(3)式から1人あたり費用額 c を計算する。

$$介護費用_i = {}_m\Sigma_n 費用額\ C_{imn}$$
$$= \Sigma_m \Sigma_n 1人あたり費用額\ c_{imn} \times 受給者数\ R_{imn} \quad (3)$$

第5に、厚生労働省『介護保険事業状況報告 月報』2010年3月分〜2011年4月分より、要介護度別・介護サービス別の給付費データ B を取得する。受給者数 R、給付費 B のデータをもとに、下記の(4)式から1人あたり給付費 b を計算する。

$$介護給付費_i = \Sigma_m \Sigma_n 給付費\ B_{imn}$$
$$= \Sigma_m \Sigma_n 1人あたり給付費\ b_{imn} \times 受給者数\ R_{imn} \quad (4)$$

これらのデータから推計された都道府県別の介護費用および介護給付費をもとにして、都道府県別の第1号保険料を推計する。その際、介護費用と介護給付費と財源構成について考慮する。

図5.3には、介護保険事業の歳入と歳出が示されている。

歳出の介護総費用の内訳の約1割は自己負担割合に相当し、残る約9割が給付費となっている。自己負担割合は約1割だが、本章では都道府県別に介護総費用と介護給付費を推計しているから、都道府県別、要介護度別、介護

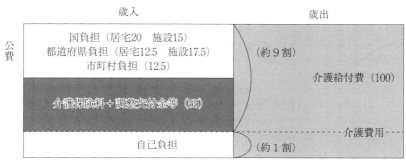

図 5.3 介護総費用と介護給付費の財源構成

サービス別の自己負担割合を、以下のように求める。

$$\text{自己負担割合 } d_{imn} = (\text{費用額 } C_{imn} - \text{給付費 } B_{imn}) / \text{費用額 } C_{imn} \quad (5)$$

また、自己負担を除く歳入は、介護給付費をまかなう財源となる。図5.3にあるように、介護給付費を100％とすれば、国負担、都道府県負担、市町村負担に相当する公費で45％、残る55％は保険料と調整交付金等によってまかなわれる。以上を考慮すれば、都道府県別の第1号保険料（月額）は、次のようにして得られる。

第1号保険料 $H_i = \{0.55 \times \Sigma_m \Sigma_n$ 介護費用$_{imn} \times (1-$ 自己負担割合 $d_{imn})$
    $-$ 調整交付金等 $f_i\} \div (0.5 \times$ 第1段階第1号被保険者数$_i + 0.5 \times$ 第2段階第1号被保険者数$_i + 0.75 \times$ 第3段階第1号被保険者数$_i +$ 第4段階第1号被保険者数$_i + 1.25 \times$ 第5段階第1号被保険者数$_i + 1.5 \times$ 第6段階以降第1号被保険者数$_i +$ 第2号被保険者数$_i) \div 12 \quad (6)$

本節のモデルは、都道府県別に第1号保険料を推計するだけでなく、自己負担割合、調整交付金等、所得段階別保険料の算定方式を考慮しているところに大きな特徴がある[9]。各段階の第1号被保険者数に乗じているウェイトは、保険料基準額の増減率である。所得段階別の増減率は、厚生労働省に

よる所得段階別算定式を参考にした。調整交付金等については、第5期の都道府県別の保険料基準額に、(6)式の推計結果が合致するように調整して設定した[10]。

4．介護保険料の要因分解と地域間格差

第1号保険料の要因分解を行う。本章の推計モデルは、第1号保険料を介護サービス別に分解できる。図5.4では、各種の介護サービスの給付費が、第1号保険料の負担水準に与える影響を示している。

介護予防サービスの給付費が第1号保険料の水準に与える影響は平均

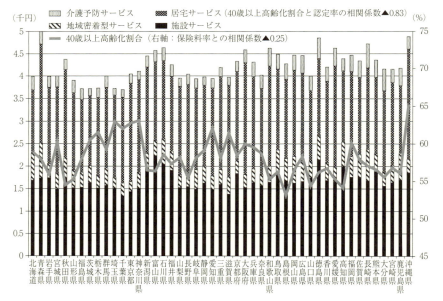

図5.4　介護サービス別の第1号保険料（月額）

6.70％とわずかであり、居宅サービスと施設サービスへの給付費が第1号保険料の8割以上を占めている。いいかえれば、介護保険料は、居宅サービスと施設サービスの給付費によって約8割が説明できる。

なお、図5.4には都道府県別の40歳以上高齢化割合も示しているが、第1号保険料との相関係数は▲0.25と低い。すなわち、高齢化が進んでいる都道府県だから、第1号保険料が必ずしも高いわけではないことがわかる。このことは、第1号保険料が第2号被保険者数にも影響することに要因がある。制度の将来を考えると、高齢化だけでなく、少子化も第1号保険料の水準を左右する。

続いて、図5.4と同じように、第1号保険料を、要介護度別に分解して図示したものが図5.5である。要介護度別にみると、要介護度2以下の「軽度」は3割程度だが、要介護度3から要介護度5の「中等度」と「重度」が

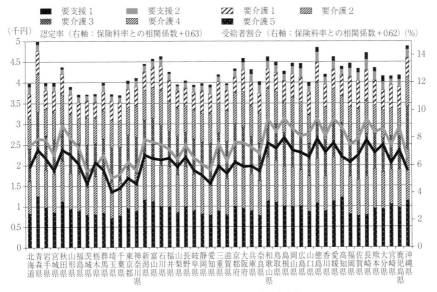

備考）認定率＝認定者数／被保険者数、受給者割合＝受給者数÷被保険者数。
出所）筆者作成。

図5.5　要介護別の第1号保険料（月額）

第1号保険料の要因の過半を占めている。

　また、図5.5は認定率と受給者割合を示している。第1号保険料との相関係数は、認定率は0.63、受給者割合は0.62であり、いずれも正の相関がみられる。先の高齢化割合と第1号保険料の相関が低かったことを考えれば、高齢化よりも認定者の増加が第1号保険料の水準に影響している。

　すなわち、保険者が認定率を高めに設定すれば、それが第1号保険料の上昇に寄与してしまう状況がみてとれる。同時に受給者割合が第1号保険料と相関し、かつ認定率と同じ動きをしていることから、認定率が増えれば、サービスを利用する受給者数も増加することが示されている。

　以上をまとめると次のようになる。第1号保険料の要因を介護サービス別に分解すれば、居宅サービスと施設サービスで大半を占める。また、同じように要介護度別では、要介護度3以上の中等度と重度の要介護者で過半を占める。さらに、第1号保険料は40歳以上高齢化割合との相関は低いが認定率と受給者割合との相関は大きいことも明らかとなった。

　以上の第1号保険料の特徴を踏まえ、次節では「受益と負担の適正化」を図った場合に、第1号保険料がどの程度まで抑制されるかどうかを検証する。

5．介護保険料の受益と負担

　本節では第1号保険料の抑制政策について、「受益と負担の適正化」の2つの視点から定量的に検討する。

　第1に、本章で検討する「受益の適正化」とは、居宅系サービスの重点化と介護サービス内容に制限を加えた場合である。シミュレーションにおいては、(4)式の要介護度別もしくは介護サービス別の受給者数 R を動かすことで、(6)式の第1号保険料が増減する。「受益の適正化」については、表5.2のケース1からケース4を想定する。

　第2に、本章で検討する「負担の適正化」とは、自己負担割合を増やす場合、または被保険者の拡大を実施した場合である。具体的にシミュレーショ

ンにおいては、(6)式の自己負担割合 d、または(1)式および(6)式の被保険者数 P を動かすことで、(6)式の第1号保険料が増減する。「負担の適正化」については、表5.2にケース5からケース8を想定する。

以上の保険料抑制政策のシミュレーションにおいては、2010年度の第1号保険料が比較の基準となる。2010年度の第1号保険料と比べて、どの程度、第1号保険料が抑制できるかを、都道府県別に示す。この結果をレーザーチャートにしたものが、図5.6と図5.7である。

ケース1とケース2の結果より、第1号保険料の抑制効果は、施設サービスから居宅系施設サービスへ移行するケース1にくらべ、居宅サービスへ移行するケース2の方がより効果が大きい。ケース3とケース4の結果より、

表5.2 「受益と負担の適正化」のケース分け

受益の適正化	ケース1	要介護度3以下の施設サービス受給者を、居宅系施設サービスへ移管する*。なお、要介護度4以上の施設サービス受給者は、そのままとする。
	ケース2	要介護度3以下の施設サービス受給者を、居宅サービスへ移管する**。なお、要介護度4以上の施設サービス受給者は、そのままとする。
	ケース3	韓国とドイツの介護保険制度を参考にして、介護予防サービスを廃止する。
	ケース4	韓国とドイツの介護保険制度を参考にして、要介護度2以下のサービスを廃止する。
負担の適正化	ケース5	韓国の介護保険制度の制度を考慮して、施設サービスの自己負担割合を1割から2割へ引き上げる。
	ケース6	ドイツと韓国の介護保険制度が(日本基準の)要介護度2以下をカバーしていないことを考慮して、要介護度2以下の自己負担割合を2割へ引き上げる。
	ケース7	ドイツと韓国の介護保険制度の被保険者の年齢層が広いことを考慮して、35歳以上に被保険者数を増やす。
	ケース8	ドイツと韓国の介護保険制度の被保険者の年齢層が広いことを考慮して、30歳以上に被保険者数を増やす。

備考)　*具体的には、施設サービス38)介護福祉施設サービス、39)介護保険施設サービス、40)介護療養施設サービス)の受給者(ただし要介護度3以下)を、居宅系施設サービスに該当する29)特定施設入居者生活介護と34)認知症対応型共同生活介護(短期利用)に半分ずつ振り分けるケースである。
　　　　**具体的には、施設サービスの受給者(ただし要介護度3以下)を、居宅サービスに該当する18)訪問介護～30)居宅介護支援に、2010年度の受給者の利用割合を固定しつつ振り分けるケースである。
出所)　筆者作成。

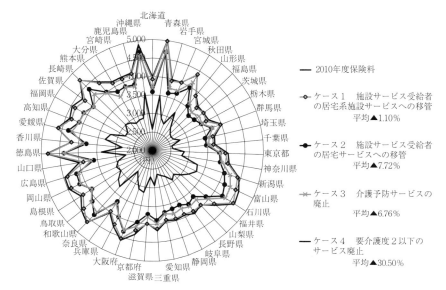

図 5.6 「受益の適正化」による第 1 号保険料への影響（月額：ケース 1 ～ 4）

　介護予防サービスを廃止するケース 3 を行った場合の第 1 号保険料の抑制効果は小さいが、要介護度 2 以下のサービスを廃止するケース 4 による効果が大きい結果が得られた。

　ケース 5 とケース 6 の結果より、施設サービスの自己負担割合を 2 割にし、それ以外を 1 割とするケース 5 と、要介護度 2 以下の自己負担割合を 2 割にし、それ以外を 1 割としたケース 6 では、抑制効果はほぼ同じである。しかしながら、自己負担割合を一定として被保険者数を拡大したケース 7 とケース 8 では、自己負担割合を変更した場合よりも、はるかに第 1 号保険料を抑制する効果が認められた。

　以上の保険料抑制政策は、地域間格差をどのように変化させるのだろうか。基準となる 2010 年度の第 1 号保険料の平均保険料基準額は 4,229 円、変動係数は 0.078 である。分析結果は表 5.3 にまとめている。

第5章　社会保険料の負担構造（Ⅱ）　129

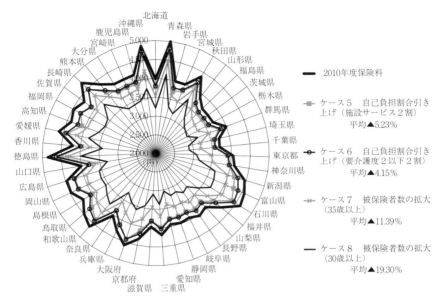

出所）　筆者作成。

図5.7　「負担の適正化」による第1号保険料への影響（月額：ケース5～8）

表5.3　平均保険料と変動係数

「受益の適正化」	平均保険料（円）	変動係数	「負担の適正化」	平均保険料（円）	変動係数
ケース1	4,182	0.078	ケース5	4,008	0.077
ケース2	3,903	0.082	ケース6	4,053	0.076
ケース3	3,943	0.072	ケース7	3,747	0.082
ケース4	2,939	0.086	ケース8	3,413	0.087

出所）　筆者作成。

「受益の適正化」では、要介護度2以下のサービスの廃止（ケース4）は、保険料抑制の効果があるものの、地域間格差を広げる。介護予防サービス廃止（ケース3）については、保険料抑制の効果が認められるだけでなく、地域間格差は縮小できる。

「負担の適正化」では、被保険者の拡大（ケース7および8）が保険料抑制に寄与するが、地域間格差を広げてしまう。自己負担割合の引き上げ（ケース5および6）については、保険料の一定の抑制効果が見られ、しかも地域間格差は縮小できることが明らかとなった。

6．まとめ

本章では、介護保険制度における介護保険料の負担構造について分析を行った。介護保険制度においても、介護保険料に地域間格差が生じていることが示された。ドイツや韓国の制度を参考に、被保険者の受益と負担ならびに保険料の地域間格差を考慮したうえで、具体的に保険料の抑制政策を検討した。

分析結果より、介護保険料の抑制に大きく寄与する政策には要介護度2以下のサービス廃止と被保険者数を30歳以上に拡大したケースが挙げられる。また、韓国やドイツの介護保険制度を参考にすれば、被保険者数の拡大だけでなく、介護予防サービスの廃止、要介護度2以下のサービスの廃止が念頭におかれるはずである。

これらを単純に合計すれば、実に50％以上の介護保険料を抑制することができる。しかしながら、特に被保険者数の拡大については、介護保険料の地域間格差を拡大することもわかった。一方、自己負担割合の引き上げについては保険料の抑制効果はケース4やケース8よりも小さいが、地域間格差は縮小する。

本章における分析結果から、受益と負担の適正化をはかることで介護保険料の抑制の効果はある程度認められるものの、介護保険料の地域間格差はケースによって異なることが示された。介護保険制度における社会保険料について、受益と負担の関係から負担構造を明らかにし、地域間格差などの存在を指摘してきた。

地域保険であるがゆえに、社会保険料の地域間格差の存在は、ある程度は

仕方がないものの、それが制度の持続可能性を脅かすまでに広がることは避けなければならない。社会保険料の負担構造を明らかにすることで、その地域の給付と負担のあり方が見直され、より効率的で持続可能性の高い制度へ移行することが望まれると言えよう。

注
1) 広域連合や一時部事務組合によって運営がなされているケースもある。
2) 厚生労働省(2009)「政策レポート(介護予防)」は「わが国では高齢化が進み、介護が必要な高齢者の方々が増加しています……特に、要介護度が軽度の方(要支援1、2)が増加しています。軽度(要支援1、2)とは要介護度状態までにはいかないものの、家事や身の回りの支度などの日常生活に支援を必要とする状態をいいます」と記している。
3) マクロの介護総費用の将来推計には、Fukui and Iwamoto(2007)、岩本・福井(2007)がある。
4) 厚生労働省(2012)「第5期市町村介護保険事業計画策定過程について」によると、75歳以上の後期高齢者割合は2010年度には11.1%であったのが、2055年度には26.1%と2倍以上に増えると見込まれている。また、2005年度には単独世帯及び夫婦のみ世帯は853万人であったのが、2025年度には1,267万人に増加し、65歳以上世帯の6割以上を占める。さらには、2005年度時点で高齢者人口は埼玉県が116万人、千葉県が106万人、そして神奈川県が149万人であるのが、2015年にはそれぞれ179万人(＋55%)、160万人(＋50%)、218(＋47%)になるとされている。これらの県では、10%前後の増加が見込まれている秋田県、山形県そして鹿児島県と比べ、高齢化が急速に訪れると考えられている。
5) 認知症高齢者の日常生活自立度のⅡ度の判定基準は、「日常生活に支障を来たすような症状・行動や意思疎通の困難さが多少見られても、誰かが注意していれば自立できる」である。
6) 2015年8月より、一定以上の所得のある利用者の自己負担割合は2割に引き上げられた。
7) 年齢階級は、30～34歳、35～39歳、40～44歳、45～49歳、50～54歳、55～59歳、60～64歳、65～69歳、70～74歳、75～79歳、80～84歳、85～89歳、90歳以上の13階級である。
8) 本章のモデルが考慮している介護サービスの種類は、次の通りである。1)介護予防訪問介護、2)介護予防訪問入浴介護、3)介護予防訪問看護、4)介護予防訪問リハビリテーション、5)介護予防通所介護、6)介護予防通所リハビリテーション、7)介護予防福祉用具貸与、8)介護予防短期入所生活介護、9)介護予防短期入所療養介護(老健)、10)介護予防短期入所療養介護(病院等)、11)居宅療養管理指導、12)特定施設入居者生活介護、13)介護予防支援、14)介護予防認知症対応型通所介護、15)介護予防小規模多機能型居宅介護、16)介護予防認知症対応型生活介護(短期利用)、17)介護予防認知症対応型生活介護(短期利用以外)、18)訪問介護、19)訪問入浴介護、20)訪問看護、21)訪問リハビリテーション、22)通所介護、23)通所リハビリテーション、24)福祉用具貸与、25)短期入所生活介護、26)短期入所療養介護(老健)、

27)短期入所療養介護（病院等）、28)居宅療養管理指導、29)特定施設入居者生活介護、30)居宅介護支援、31)夜間対応型訪問介護、32)認知症対応型通所介護、33)小規模多機能型居宅介護、34)認知症対応型共同生活介護（短期利用）、35)認知症対応型生活介護（短期利用以外）、36)地域密着型特定施設入居者生活介護、37)地域密着型介護老人福祉サービス、38)介護福祉施設サービス、39)介護保険施設サービス、40)介護療養施設サービスがある。

9）先行研究のモデルは、第1号保険料＝0.5×給付費÷（第1号被保険者数＋第2号被保険者数）÷12となっている。すなわち、自己負担割合、調整交付金等、所得段階別保険料の算定方式は考慮されていない。

10）ただし、介護予防サービスについては調整交付金の対象にならないので、除外して計算している。

第6章
所得課税と社会保険料の再分配効果

1. はじめに

　近年、所得格差の拡大に世間の注目が集まっている。日本においても所得格差の拡大が見られるが、高齢化が所得格差を広げる要因をともなっており、短絡的な評価はできない。また、現状の所得格差を是とするかどうかは、個々人がもつ公平性に関する価値判断に依存する。効率性とは異なり、どのような所得格差の水準が望ましいのかを一義的に決めることはできない。
　とはいえ、市場に所得分配をゆだねるならば、自然に所得格差は拡大してゆくことから、所得格差を是正する政府の所得再分配機能は重要である。政府がもつ直接的な所得再分配の手段に税制と社会保険制度がある。税制と社会保険制度が、再分配前の所得格差に対し、どの程度の再分配効果をもっているかを数量的に評価することが必要である。この点を踏まえ、再分配効果の計測に関しては、家計のマイクロデータを用いた研究が進められてきた。
　特に所得課税と社会保険料は、再分配効果をもつことで家計の可処分所得を変える。たとえば、所得課税は単年の家計の収入に対して課税され、社会保険料も家計の雇用状態に応じた拠出がなされる。
　社会保険制度の拠出と給付は、家計の長い生涯にわたって行われる。特に公的年金制度は、現役期に年金保険料を拠出しなければ、退職期に年金収入を受け取ることができない。しかも、現役期の所得格差を退職期に持ち込むのが、公的年金制度の特徴でもある。年金給付は退職期の家計の可処分所得を増やすため、現役期の年金保険料のみの分析は十分でない。

所得課税と社会保険料がもつ再分配効果を評価する際、一時点の家計の収入を用いて再分配効果を測定することは、時間を考えていない点で不十分である。所得課税と社会保険料の再分配効果を評価するには、一時点ではなく、家計のライフサイクルを考慮した時間軸でとらえなければならない。

　以上を踏まえて本章では、時間軸と家計のライフサイクルを組み合わせて、所得課税と社会保険料の再分配効果を評価する。特に時間軸で所得課税と社会保険料を評価するときには、制度の改正の影響を踏まえることが大切である。そのため以下では、予備的な考察として、代表的家計モデルを用いて、所得課税と社会保険料の経年的な変化をとらえてみたい。

2．代表的家計モデルによる世帯負担率

　税制や社会保険制度を評価する場合、現実のデータによる分析とは別に、仮想的なデータによる分析が行われることがある。仮想的なデータによる分析に意義がないわけではない。むしろ仮想的なデータを用いることで、制度がもつ特徴を浮き彫りにすることがある。

　まず、仮想的な代表的家計モデルを想定し、そのモデルに所得課税や社会保険料を適用した場合の世帯負担率から得られる情報によって、制度の改正を評価する。代表的家計モデルはできるだけシンプルにする。ある代表的家計モデルを基準として、その想定を少し変更したときに、分析結果がどのように変わるかをみる。そこで、各年の世帯負担率を(1)式のように定義する。

$$世帯負担率 = \frac{所得税負担額 + 個人住民税負担額 + 社会保険料負担額}{世帯の収入} \quad (1)$$

　代表的家計モデルとしては、以下の8つのケースを考える。家計の世帯属性の変化にともなう世帯負担率の変化を分析するために、世帯主の収入を一定とする。具体的には2004年時点の実質で世帯主の収入は500万円とする。500万円の水準を選んだのは、2人以上の勤労者世帯においては、おおむね

平均的な所得層の収入を表していると考えられるからである[1]。

- ケース1（世帯主の収入500万円、配偶者無職）
- ケース2（世帯主の収入500万円、配偶者無職、子ども1人）
- ケース3（世帯主の収入500万円、配偶者無職、子ども1人、高齢者1人）
- ケース4（世帯主の収入500万円、配偶者無職、子ども2人）

ここでの子どもおよび高齢者は、扶養控除および老人扶養控除の対象者であると想定する。また、総務省『消費者物価指数年報』により、2004年を1とする消費者物価指数を用い、時点の異なる家計の収入に対し、物価調整を行って実質化をはかる。

つぎに、配偶者が就業して2014年時点で200万円の収入を得て、配偶者控除の対象から外れる場合を想定する。ここでは配偶者の就業が世帯負担率に与える影響を分析する。

- ケース5（世帯主の収入500万円、配偶者の収入200万円）
- ケース6（世帯主の収入500万円、配偶者の収入200万円、子ども1人）
- ケース7（世帯主の収入500万円、配偶者の収入200万円、子ども1人、高齢者1人）
- ケース8（世帯主の収入500万円、配偶者の収入200万円、子ども2人）

以上の代表的家計モデルに対し、過去から2012年までの所得税と個人住民税の制度を家計の収入に対して適用し、収入に占める所得課税と社会保険料に対する世帯負担率を計測した[2]。図6.1に世帯負担率の推移を示している。

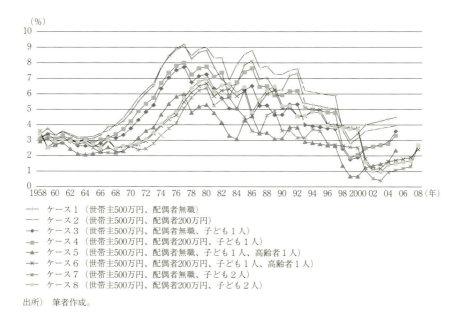

図 6.1　代表的家計モデルによる世帯負担率の推移

　まず、同じ実質 500 万円の世帯収入でも、世帯負担率は 1980 年代前半まで上昇傾向にある。それ以降は、増減を繰り返しながら低下し、2005 年で世帯負担率が最も低くなる。このような世帯負担率の推移を辿れば、1980 年代前半までは、中間所得層の世帯負担率は重くなっており、そのためにその後の税制改正は中間所得層の減税が実施されることとなった。

　なかでも 1989 年に消費税が導入されたときに、中間所得層の所得税の負担の重さが顕著に指摘された。1990 年代後半以降のバブル崩壊後でも、再び中間所得層の所得税の負担率の重さが問題となり、中間所得層を中心とした減税が 2000 年代前半まで継続的に実施され、世帯負担率の低下に繋がった。

　続いて配偶者の就業による世帯負担率の変化を検証する。配偶者が無職である場合（ケース 1）と配偶者が有職でかつ 200 万円の年収を得ている場合

（ケース２）を比較したところ、配偶者が無職である場合（ケース１）のほうが有職である場合（ケース２）の世帯負担率よりも上回っており、配偶者の有無による世帯負担率の乖離は1980年以降に拡大していく。

配偶者控除と配偶者特別控除の税制改正は、配偶者の就業選択に大きな影響を与えると考えられる。配偶者が無職である場合（ケース１）の世帯負担率が高く推移し、配偶者が有職の場合（ケース２）の世帯負担率が低く推移することが、片稼ぎ世帯を減らし、共稼ぎ世帯を増やす要因になっている可能性もある。

さらに、扶養者数とその構成が世帯負担率に与える影響を検討する。世帯主の収入と配偶者の就業状況を一定として、配偶者が無職である場合と有職である場合では、共通して扶養者数が多いほど、世帯負担率は低くなる。これは、扶養控除の対象者数が多ければ多いほど、控除金額が大きくなることが要因として考えられる。

扶養者数が一定であった場合でも、扶養者の構成によって世帯負担率は異なる。たとえば、扶養者数は同一の２人であるが、その構成が子ども１人と高齢者１人の場合（ケース５とケース６）と子どもが２人である場合（ケース７とケース８）では世帯負担率が違う。1970年代半ばまでは、後者の子ども２人の場合が前者の子どもと高齢者の場合よりも世帯負担率が高かったが、2000年代半ば以降からは逆転する。

ここでの分析期間では、一般扶養控除と老人扶養控除の控除額が増減し、かつ扶養親族の対象年齢も変更している。1980年代から1990年代に至っては70歳以上の扶養控除額が高いことから、世帯内に高齢者がいる場合では控除額が大きい。1990年代から2000年代以降にかけては、子どもへの扶養が手厚くなり、子どものいる世帯の控除額が大きくなる。

どのような年齢の扶養親族を対象に、どの程度の扶養控除額を設定するかは、扶養親族に対する経費をどこまで必要と考えるかによる。制度は、所得課税がもつ目的や姿勢をあらわしているといえる。所得再分配をになう所得課税と社会保険料だけに、その当時の社会が所得再分配に対して、どのよう

な姿勢や考えを持つかで、制度改正の内容は変わる。そのため、制度の評価においては、社会背景への理解も必要となるだろう。

　以上の代表的家計モデルによる分析を踏まえて本章では、現実の世帯のマイクロデータを用いた分析を展開する。その際、時間の経過を考慮した家計のライフサイクルの視点から、家計の異質性を表現できるマイクロデータを用いる分析を行う。先行研究は次節で解説するが、本章は先行研究のメリットを統合したアプローチを採用する。

3．所得課税と社会保険料の再分配効果に関する先行研究

　税制や社会保険料の再分配効果について論じた先行研究は多数あるが、本章に関連するものとして、家計のマイクロデータを扱った研究を中心に見てゆこう。

　阿部(2000)、大石(2006)、府川(2006)は、厚生労働省『所得再分配調査』の個票データを利用して再分配効果を評価している。阿部(2000)は、社会保険料が現役層の不平等度を悪化させ、なかでも医療保険料や年金保険料の逆進性が、現役層の高齢世代であるほど高いことを示している。大石(2006)は、税と社会保険料による再分配後の現役世代の世代内所得格差が広がっているとし、府川(2006)は、総世帯の所得格差の拡大が1990年代に広がり、低所得世帯の社会保険料の逆進性は、所得再分配政策の機能低下によるものであるとした。田中・四方・駒村(2013)は総務省『全国消費実態調査』を用い、所得課税は65歳以上の高齢者の場合は65歳未満ものと比べ軽減しているとしている。

　小塩・浦川(2008)は厚生労働省『国民生活基礎調査』の個票データを用いて、2000年以降には所得格差が縮小傾向にあり、所得再分配政策は高齢層に限定的であることを示している。小塩(2009)は、利子率を一定として生涯所得額と生涯負担額を生涯ベースととらえ、一時点と同じように低所得者層の社会保障負担に逆進性が認められることを明らかにしている。北村・宮崎

(2012)および大野・中澤・三好・松尾・松田・片岡・高見・蜂須賀・増田(2013)も、『全国消費実態調査』、『国民生活基礎調査』ならびに総務省『家計調査』を用い、一時点に加えて生涯ベースで税と社会保険料を評価して、上記の先行研究と類似の結果を導出している。

　高山・白石(2010)は、『全国消費実態調査』の匿名データから所得階層別世代別家族構成別に消費税の逆進性を示し、田中(2010)は『国民生活基礎調査』と『所得再分配調査』から消費税の逆進性を明らかにしている。

　以上の先行研究では、『所得再分配調査』、『国民生活基礎調査』、『全国消費実態調査』におけるマイクロデータを用いて、税制や社会保険料の再分配効果を明らかにしている。なお、『所得再分配調査』と『国民生活基礎調査』は3年おき、『全国消費実態調査』は4年おきに報告されている。

　先行研究の分析手法をみれば、複数年のマイクロデータを一時点で評価し、再分配効果を相対的に評価している。また、所得階層、世代間、家族構成といった家計の属性によって分類することで、全体の再分配効果を分離する試みがなされている。

　このように、一時点の所得や消費によって評価する方法もあれば、生涯ベースの概念で評価する方法もみられる。先行研究による生涯ベースのアイディアは、一時点で生きている年齢の異なる家計のデータをつなげることで、あたかも家計の一生を示すようなデータに加工し、そのデータにもとづいて再分配効果を測定している。

　しかしながら、この方法は、時間の経過を考えて生涯ベースのデータを加工しているわけではない。結局は、一時点の異なる家計のデータを生涯ベースとして解釈していることになる。ある時点の家計は多様な異質性をもち、過去の税制や社会保険制度にも直面していたはずであり、将来の税制や社会保険制度にも直面してゆくことになる。

　そこで本章は、時間の経過を考えることで家計のマイクロデータを時間軸に沿って拡張し、ライフサイクルの観点から割引現在価値によって所得を評価することで、所得に影響を与える所得課税と社会保険料の再分配効果を測

時間の経過を考慮したライフサイクルの概念を用い、税制や社会保険制度を評価する研究には、橋本・林・跡田(1991)、前川(2004)、中嶋・上村(2006)、橋本(2009)などがある。これらの先行研究は、ひとつの世代に代表的家計を想定する特徴をもっている。この分析手法は、世代間の評価を行うには都合がよい。しかしながら、家族構成や就業状況などによって生じる世代内の所得格差を評価することができない。所得課税や社会保険料は、世代間はもちろんだが、世代内の所得格差にも影響を与えるため、世代内の家計の異質性の視点から評価することが重要である。

本章は、先行研究の分析手法を包括するアプローチをとることで、時間の経過を考慮しつつ、世代間のみならず、世代内の所得格差を測定し、所得課税と社会保険料を評価する[3]。

4. ライフサイクルモデルによる分析手法

4.1 家計のライフサイクルモデル

本章では、時間の動きを考慮した家計のライフサイクルにおける予算制約が、所得課税や社会保険制度から受ける影響を考察する。概念図を図6.2に示した。分析対象は、世帯主がいて、配偶者やその他の世帯構成員からなる家計であり、その添え字をiとする。

世帯主が、就業開始年齢（$a=a_m$）に到達したときから、年金支給開始年齢（$a=a_n$）の前年の退職年齢（$a=a_n-1$）までの現役期に、家計iは世帯主の労働による収入 W_a^H を得る。この家計に配偶者がいる場合は、同様に配偶者の労働による収入 W_a^S を得る。本章では就業開始年齢 a_m は20歳とする。退職年齢は、公的年金制度によって定められている年金支給開始年齢 a_n に応じて、性別および年齢別に決められる。

就業開始年齢から退職年齢に至るまで、世帯主の収入 W_a^H と配偶者の収入 W_a^S に対しては、所得税（N_a^H および N_a^S）と住民税（L_a^H および L_a^S）が

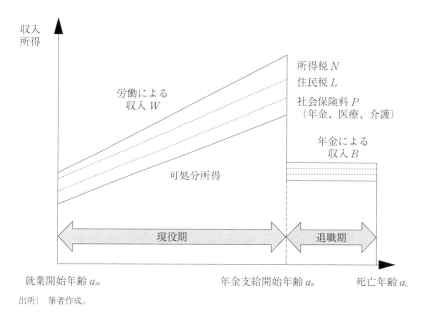

図6.2 家計のライフサイクルにおける予算制約の概念図

課税され、さらに年金、医療、介護保険制度にもとづく社会保険料（P_a^H および P_a^S）の拠出がある。便宜上、世帯主の収入 W_a^H は配偶者の収入 W_a^S よりも大きいと想定し、所得課税の所得控除は世帯主の収入に対して適用する。

この家計 i の世帯主が退職し、年金支給開始年齢（$a=a_n$）に到達してから死亡年齢（$a=a_d$）までの退職期に年金給付 B_a^H を受ける。家計 i に配偶者がいる場合、配偶者の年金給付 B_a^S も同様であるが、年金支給開始年齢と死亡年齢は性別によって異なる。死亡年齢は性別で異なる平均寿命を想定する。年金給付に対しても、所得税と住民税が課税される。

家計 i は、他の家計から遺産を受け取らず、就業開始年齢 a_m の時点での貯蓄はゼロだと想定する。さらに、世帯主と配偶者以外のその他の世帯構成員の収入や貯蓄はゼロとする。

世帯主および配偶者と同様に、その他の世帯構成員、たとえば同居する子

どもや親なども、時間とともに年齢を重ねる。子どもについては平均結婚年齢に到達すれば、家計 i から独立すると考える。同居する親などが死亡年齢に達した場合は、その家計からいなくなる。平均結婚年齢も性別によって異なる。世帯主と配偶者のどちらもが死亡年齢に達したとき、その家計も消滅すると考える。

以上のような想定のもとで、家計 i のライフサイクルにおける予算制約式は、現在割引価値にすることで(2)式のように定式化できる。

$$\sum_{a=a_m}^{a_d} \frac{C_a}{Q_t} = \sum_{a=a_m}^{a_d} \frac{W_a^H + W_a^S + B_a^H + B_a^S - N_a^H - N_a^S - L_a^H - L_a^S - P_a^H - P_a^S}{Q_t} \quad (2)$$

なお、各年齢における家計 i の名目の消費額を C、物価水準を Q としている。添え字 t は年を示している。このとき、家計 i の世帯主の生まれ年を b とすれば、$t=b+a$ の関係がある。たとえば、2004 年（$t=2004$）に世帯主が 35 歳（$a=35$）ならば、この世帯主は 1969 年（$b=1964=t-a$）に生まれている。

先の(2)式の右辺は家計 i の可処分所得の割引現在価値を示しており、家計 i は可処分所得を用いて左辺の消費 C を行うことで生涯効用を得ている。そのため、可処分所得の割引現在価値の大きさが、家計 i の消費 C を規定し、家計 i の生涯効用を左右する。

そこで本章では、所得課税と社会保険料が可処分所得の割引現在価値に与える影響について、不平等尺度を用いて分析を行う。収入に対する所得課税と社会保険料の影響を分離するため、下記のように、4 つのパターンで所得 Y を定義する。

$$Y_A = \sum_{a=20}^{a_d} \frac{W_a^H + W_a^S + B_a^H + B_a^S}{Q_t} \quad (3)$$

$$Y_B = \sum_{a=20}^{a_d} \frac{W_a^H + W_a^S + B_a^H + B_a^S - N_a^H - N_a^S - L_a^H - L_a^S}{Q_t} \quad (4)$$

$$Y_C = \sum_{a=20}^{a_d} \frac{W_a^H + W_a^S + B_a^H + B_a^S - P_a^H - P_a^S}{Q_t} \quad (5)$$

$$Y_D = \sum_{a=20}^{a_d} \frac{W_a^H + W_a^S + B_a^H + B_a^S - N_a^H - N_a^S - L_a^H - L_a^S - P_a^H - P_a^S}{Q_t} \quad (6)$$

すなわち、Y_A は労働による収入に年金給付を加えた所得、Y_B は Y_A の所得に対して所得税と住民税を控除した所得、Y_C は Y_A の所得に対して社会保険料を控除した所得、Y_D は(2)式の右辺の可処分所得の割引現在価値である。

4.2 タイル尺度

前述のライフサイクルモデルによって得られた4つの所得の割引現在価値 $Y_A \sim Y_D$ に対して、不平等尺度であるタイル尺度を使うことで、所得課税と社会保険料の再分配効果を評価する。タイル尺度を用いる理由は、様々なカテゴリーに分解できる特長をもっているからである。以下ではタイル尺度を定式化する。

総数 n の家計の所得分布 $Y=(Y_1,Y_2,\cdots,Y_n)$ のタイル尺度 T は以下のように定義される。

$$T = \log n - \sum_{i=1}^{n} s_i \log \frac{1}{s_i} = \sum_{i=1}^{n} s_i \log n s_i, \quad s_i = \frac{Y_i}{\sum_{i=1}^{n} Y_i} \quad (7)$$

ただし、s_i はシェアに変換した所得分布であり、$\sum_{i=1}^{n} s_i = 1$ である。ここで s_i を用いてタイル尺度 $T(s)$ を示すと次のようになる。なお、μ はシェアに変換した所得分布 s 全体の平均値である。

$$T(s) = \sum_{i=1}^{n} \frac{s_i}{n\mu} \log \frac{s_i}{\mu}, \quad \mu = \frac{\sum_{i=1}^{n} s_i}{n} \quad (8)$$

続いて、シェアに変換した所得分布 s をカテゴリーに分解する。タイル尺度は様々なカテゴリーに分解することができるが、ここでは例示として、所得階級を3つに区分し、第Ⅰ分位 s_L、第Ⅱ分位 s_M、第Ⅲ分位 s_H に分解するパターンを示す[4]。各カテゴリーのシェアは、次のように区分できるとする。

$$s_L = s_L(s_1, s_2, \cdots, s_j), \quad s_M = s_M(s_{j+1}, s_{j+2}, \cdots, s_k), \quad s_H = s_H(s_{k+1}, s_{l+2}, \cdots, s_n) \quad (9)$$

ここで所得分布 s は所得が少ない順番に並んでいるとして、第Ⅰ分位のシェア s_L のデータ数は j 個、第Ⅱ分位のシェア s_M のデータ数は $k-j$ 個、第Ⅲ分位のシェア s_H のデータ数は $n-k$ 個となっている。各カテゴリーの平均値については以下の通りである。

$$\mu_L = \frac{\sum_{i=1}^{j} s_i}{j}, \quad \mu_M = \frac{\sum_{i=j+1}^{k} s_i}{k-j}, \quad \mu_H = \frac{\sum_{i=k+1}^{n} s_i}{n-k} \quad (10)$$

各カテゴリーの割合 s と平均値を用いて、各カテゴリーのタイル尺度を算出する。

$$T(s_L) = \sum_{i=1}^{n} \frac{s_i}{j\mu_L} \log \frac{s_i}{\mu_L}, \quad T(s_M) = \sum_{i=j+1}^{k} \frac{s_i}{(k-j)\mu_M} \log \frac{s_i}{\mu_M}, \quad T(s_H) = \sum_{i=k+1}^{n} \frac{s_i}{(n-k)\mu_H} \log \frac{s_i}{\mu_H} \quad (11)$$

各カテゴリーのタイル尺度を合算し、全体のタイル尺度 $T(s)$ を表現する。なお、$T(s_L, s_M, s_H)$ は、カテゴリー間のタイル尺度である。

$$T(s) = V_L T(s_L) + V_M T(s_M) + V_H T(s_H) + T(s_L, s_M, s_H) \quad (12)$$

$$T(s_{L_H}) = \log n + V_L \log \mu_L + V_M \log \mu_M + V_H \log \mu_H \quad (13)$$

ここで、各カテゴリーのウェイト V は次のように表される。

$$V_L = j\mu_L, \quad V_M = (k-j)\mu_M, \quad V_H = (n-k)\mu_H, \quad V_L + V_M + V_H = 1 \quad (14)$$

したがってタイル尺度(12)式は、カテゴリー内のタイル尺度にウェイトを乗じたカテゴリー内寄与度と、カテゴリー間のタイル尺度であるカテゴリー間寄与度の和で示されている。

第 6 章　所得課税と社会保険料の再分配効果　145

5．分析データの加工方法

　タイル尺度(12)式によって所得課税と社会保険料の再分配効果を評価するには、ライフサイクルにおける 4 つの所得の割引現在価値 $Y_A \sim Y_D$ が必要である。そのベースとなるデータには、総務省(2004)『全国消費実態調査』匿名データ（以下、匿名データとする）「二人以上の世帯」の約 44,000 レコードを用いる[5]。ただし、2004 年時点で世帯主もしくは配偶者が賃金収入をもっていない世帯、たとえば自営業の世帯や高齢者だけの世帯は、分析対象のデータから除いており、実際に分析に使用したのは 22,640 レコードである。

　2004 年時点の匿名データより、世帯主と配偶者それぞれの「性別」「年齢 5 歳階級」「勤め先収入」「続柄」「就業・非就業の別」「企業規模」「産業符号」「職業符号」、その他の世帯員については「年齢 5 歳階級」（15 歳未満のみ「年齢各歳」）「性別」のデータを得る。なお、「　」内はデータ名を示している。

　世帯主と配偶者の 2004 年時点の年齢は、5 歳階級区分の中央値に設定した。15 歳以上のその他の家族構成員についても、2004 年時点の年齢を 5 歳階級区分の中央値に設定する。本章のモデルでは、時間を 1 年過去にさかのぼれば、世帯主、配偶者、その他の世帯員の年齢も 1 歳少なくなり、1 年時間が経てば、世帯主、配偶者、その他世帯員の年齢も 1 歳増えるような形で、時間の経過を想定する。

　匿名データをベースに用い、他の統計データを使って世帯別の就業開始年齢から退職年齢までの労働による収入を算出し、それをもとに年金収入を計算し、それらの収入に対する所得税および住民税を計測する。これらをもとに、家計の就業開始年齢から死亡年齢にいたる所得を得て、それぞれの所得の割引現在価値から、タイル尺度を計算する。

　以降では、具体的な作業手順について解説する。図 6.3 に作業手順の概念

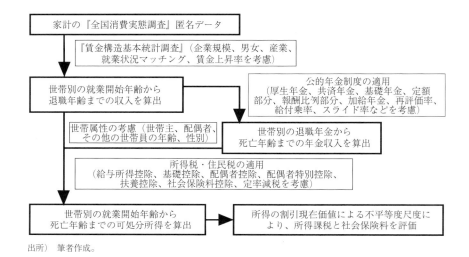

図 6.3 作業手順の概念図

図を示した。

6．分析における計測方法

6.1 労働による収入の計測

匿名データの 2004 年時点の世帯主と配偶者の「勤め先収入」をもとにして，過去および将来の世帯主の労働による収入 W_a^H と配偶者の労働による収入 W_a^S を計測する。なお，データにおける世帯主と配偶者の「勤め先収入」を比較して，配偶者の「勤め先収入」が大きい場合は，配偶者を世帯主とする。

ここでは，2004 年時点の就業状態が将来的に持続すると仮定して，世帯主と配偶者の「性別」「年齢 5 歳階級」「就業・非就業の有無」「企業区分」「企業規模」「産業符号」「職業符号」のデータにもとづき，過去および将来の労働による収入を推計する。

第 6 章　所得課税と社会保険料の再分配効果　147

　世帯主または配偶者の職業が民間企業の場合は、2004 年の厚生労働省『賃金構造基本統計調査（賃金センサス）』の男女別、産業別、企業規模別、年齢別、学歴別の「きまって支給する現金給与額」および「年間賞与その他特別給与額」のデータを用いる。基本的に 5 歳刻みのデータが年齢区分の中央値にあると考え、1 歳刻みになるように線形補間を行い、各年齢の労働による年間収入を推計する。この際、「きまって支給する現金給与額」と「年間賞与その他特別給与額」から得られる給料に対する賞与の倍率（賞与倍率）についても、男女別、産業別、企業規模別、年齢別に計算しておく。

　その上で、年齢による年間収入の増加率を計測し、その増加率を 2004 年時点の匿名データの世帯主と配偶者の「勤め先収入」に適用し、過去および将来の労働による収入を推計する。匿名データの「性別」「就業・非就業の有無」「企業区分」「企業規模」「産業符号」「職業符号」と年齢にもとづき、『賃金センサス』の男女別、産業別、企業規模別、年齢別のデータをマッチングさせる。さらに、先の賞与倍率を用いることで、過去および将来の賞与の収入も得る。

　なお、2004 年の実質値であるから、名目賃金上昇率によって名目値に修正する[6]。以上を各年齢で合計することで、名目の過去および将来の世帯主の労働による収入 W_a^H と配偶者の労働による収入 W_a^S を計測する。

　世帯主または配偶者の職業が国家公務員の場合は 2004 年の人事院『国家公務員給与等実態調査報告書』行政職、学歴計、年齢別「平均給与月額」、地方公務員の場合は 2004 年の総務省『地方公務員給与実態調査』全地方公共団体、一般行政職、学歴計、年齢別「平均給与月額」を用い、民間企業と同様に年間収入の増加率を計算する。

　ただし、公務員の場合は、賞与倍率が不明であるため、民間企業の平均的な賞与倍率を適用し、名目の過去および将来の世帯主の労働による収入 W_a^H と配偶者の労働による収入 W_a^S を計測する。以上より、就業開始年齢から退職年齢まで、過去および将来の世帯主の労働による収入 W_a^H と配偶者の労働による収入 W_a^S が得られた。

6.2 年金収入の計測

続いて、家計の年金収入を計測する。ライフサイクルモデルにおいて年金収入は、所得の割引現在価値の大きい部分を構成するため、非常に重要である。

過去の公的年金改革によって、年金支給開始年齢は 60 歳から 65 歳へ引き上げられ、生まれ年によっても性別でも年金支給開始年齢が異なっている。本章では、年金支給開始年齢に到達した世帯主もしくは配偶者は、退職して死亡するまで年金収入を受け続けると想定する。なお、死亡年齢は男性が 78 歳、女性が 85 歳とした[7]。

年金収入については、世帯主または配偶者の職業別に、国民年金、厚生年金、国家公務員共済年金、地方公務員共済年金に区別する。定額部分と報酬比例部分については、下記の式によって計算される。

定額部分＝定額単価×定額部分乗率×被保険者期間月数×物価スライド率
　　　　×改定率 　　　　　　　　　　　　　　　　　　　　(15)

報酬比例部分 ＝（2003 年 3 月以前の期間の標準報酬月額 × 給付乗率 ×
　　　　　　　　2003 年 3 月以前の被保険者期間の月数 ＋2003 年 4 月以後の
　　　　　　　　期間の標準報酬額 × 給付乗率 ×2004 年 4 月以後の被保険者
　　　　　　　　期間の月数）× 物価スライド率 × 改定率 　　(16)

過去および将来の世帯主の労働による収入 W_a^H と配偶者の労働による収入 W_a^S より、それぞれの標準報酬月額または標準報酬額を計算する。その際、按分計算によって、2003 年 3 月以前の標準報酬月額には賞与を含めず、2003 年 3 月以降の標準報酬額には賞与を含めている。定額部分の年金給付、標準報酬月額と標準報酬額には上限を設定している。

それぞれの公的年金制度における定額単価、定額部分の乗率、給付乗率、物価スライド率、改定率を考慮し、世帯主の年金給付 B_a^H と配偶者の年金給付 B_a^S を計測する。ここで、乗率については、生年月をもとに按分計算し、

世帯主と配偶者の誕生年に合うようにした。

なお、世帯主または配偶者が短期労働者の場合は、定額部分のみの年金給付となる。また、配偶者と子どもに対する加給年金や、国家公務員共済年金と地方公務員共済年金の職域部分についても扱っている。

6.3 所得課税と社会保険料の計測

以上の作業により、就業開始年齢から退職年齢までの世帯主の労働による収入 W_a^H と配偶者の労働による収入 W_a^S、さらには年金支給開始年齢から死亡年齢までの世帯主の年金給付 B_a^H と配偶者の年金給付 B_a^S を導出する。これらに対し、所得税と住民税を課税する。

所得税と住民税については、給与所得控除、基礎控除、配偶者控除、配偶者特別控除、扶養控除、社会保険料控除、公的年金等控除の各種の所得控除を考慮し、超過累進構造の税率表にもとづく税負担額を計測した[8]。将来の所得税と住民税は2013年制度を固定する。なお世帯主と配偶者の双方に収入がある場合は、世帯主の収入に対し所得控除を適用する。

所得控除を計算するには、扶養者数のデータが必要である。所得税および住民税の制度にもとづき、扶養控除の対象年齢となる子どもや高齢者が世帯にいる場合は扶養者とみなした。また扶養される子どもは、平均結婚年齢を超えると扶養から外れると考えた。なお、平均結婚年齢は、男性は29歳、女性は27歳とし、子の誕生については母の出生時平均年齢が第1子では28歳、第2子では30歳とし、子は扶養に入れるとした[9]。

社会保険料については、短期労働者を除く民間企業や国家公務員および地方公務員の場合は、労働による収入に対する社会保険料を、財務省の簡易計算方式を用いて計算している[10]。ここで得られた社会保険料は、所得税および住民税の社会保険料控除にも適用している。将来の社会保険料についても、所得税と住民税と同様に固定して計測した。

短期労働者の場合は、国民年金保険料、国民健康保険料、介護保険料の定額負担が適用される。国民年金保険料は、日本年金機構「国民年金保険料の

変遷」を使用した[11]。国民健康保険料は、厚生労働省「全国高齢者医療・国民健康保険主管課（部）長及び後期高齢者医療広域連合事務局長会議」の1994年から2011年までの名目調定額を1人あたりにして使用する。それ以前については、国民健康保険料1人あたり調定額に年金保険料の前年度比を乗じて名目1人あたり調定額を計算する。介護保険料については、社会保険診療報酬支払基金「平成23事業年度介護保険特別会計付属明細書」より、確定納付金を第2号被保険者数で除し、第2号介護被保険者1人あたり確定納付金を算出する。将来の社会保険料については、名目賃金上昇率を考慮して延ばした。

これらの作業により、過去から将来にわたる世帯主と配偶者の所得税（N_a^H および N_a^S）、住民税（L_a^H および L_a^S）、社会保険料（P_a^H および P_a^S）が得られた。

6.4 タイル尺度と再分配効果の計測

以上の作業によって得られた、家計 i の世帯主の労働による収入 W_a^H、配偶者の労働による収入 W_a^S、世帯主の年金給付 B_a^H、配偶者の年金給付 B_a^S、世帯主と配偶者の所得税（N_a^H および N_a^S）、住民税（L_a^H および L_a^S）、社会保険料（P_a^H および P_a^S）を用いて、先に定義した4つの所得の割引現在価値 $Y_A \sim Y_D$ を計測する。

割引現在価値の計算に必要な物価水準 Q は、総務省『消費者物価指数年報』より、2004年を1とする消費者物価指数を用いた。将来の物価水準 Q は、厚生労働省「平成21年度財政検証・財政再計算に基づく公的年金制度の財政検証」の将来の物価上昇率を利用した。

所得の割引現在価値 $Y_A \sim Y_D$ に対応するタイル尺度 T を、それぞれ $T(Y_A)$、$T(Y_B)$、$T(Y_C)$、$T(Y_D)$ として計測する。後述するように、所得階層別と世代別にタイル尺度 T を分解する。さらに、所得 Y_A に関するタイル尺度 $T(Y_A)$ を基準として、それぞれの再分配効果 R は次のように得られる。

$$R(Y_A, Y_B) = \frac{T(Y_A - Y_B)}{T(Y_A)}, \quad R(Y_A, Y_C) = \frac{T(Y_A - Y_C)}{T(Y_A)}, \quad R(Y_A, Y_D) = \frac{T(Y_A - Y_D)}{T(Y_A)}$$
(17)

ここで、$R(Y_A, Y_B)$は所得課税による再分配効果、$R(Y_A, Y_C)$は社会保険料による再分配効果である。$R(Y_A, Y_D)$は所得課税と社会保険料を合わせた再分配効果である。

7．分析結果

タイル尺度 T と再分配効果 R については、表 6.1 に所得階層別、表 6.2 に世代階層別の分析結果を示した。また、単年で課税される所得課税については全期間と年代別（1960 年代、1970 年代、1980 年代、1990 年代、2000 年代）の結果を分け、社会保険料については全期間の分析結果を提示している。

第 1 に、表 6.1 と表 6.2 にある「全体のタイル尺度」より、所得課税と社会保険料による全体的な再分配効果を把握する。労働と年金による収入から得られた所得 Y_A の「全体のタイル尺度」$T(Y_A)$（＝0.0878）と、可処分所得による所得 Y_D の「全体のタイル尺度」$T(Y_D)$（＝0.0780）を比較すれば、所得課税と社会保険料がプラスの再分配効果 $R(Y_A, Y_D)$（＝0.1249）をもっており、所得格差を縮小していることがわかる。

この再分配効果 $R(Y_A, Y_D)$ を分解すれば、所得課税による再分配効果 $R(Y_A, Y_B)$（＝0.1742）はプラスであるが、社会保険料による再分配効果 $R(Y_A, Y_C)$（＝▲0.0450）はマイナスになっている（いずれも全期間）。したがって、所得課税は所得格差を縮小するものの、社会保険料は所得格差を拡大している[12]。

第 2 に、表 6.1 では、所得階層別のタイル尺度と再分配効果も検討できる。所得階層の区別は、世帯主と配偶者の労働による収入と世帯主と配偶者の年

表6.1 所得階層別のタイル尺度と再分配効果

全期間							
所得 Y_A	区分	タイル尺度 $T(Y_A)$	ウェイト	所得 Y_B	区分	タイル尺度 $T(Y_B)$	所得課税の再分配効果 $R(Y_A, Y_B)$
所得階層内タイル尺度	第Ⅰ分位	0.0742	0.0973	所得階層内タイル尺度	第Ⅰ分位	0.0676	0.0970
	第Ⅱ分位	0.0157	0.1632		第Ⅱ分位	0.0115	0.3636
	第Ⅲ分位	0.0134	0.2001		第Ⅲ分位	0.0096	0.3980
	第Ⅳ分位	0.0120	0.2329		第Ⅳ分位	0.0091	0.3090
	第Ⅴ分位	0.0308	0.3065		第Ⅴ分位	0.0245	0.2577
所得階層間タイル尺度		0.0631		所得階層間タイル尺度		0.0546	0.1554
全体のタイル尺度		0.0878		全体のタイル尺度		0.0748	0.1742
所得 Y_C	区分	タイル尺度 $T(Y_C)$	社会保険料の再分配効果 $R(Y_A, Y_C)$	所得 Y_D	区分	タイル尺度 $T(Y_D)$	再分配効果 $R(Y_A, Y_D)$
所得階層内タイル尺度	第Ⅰ分位	0.0850	−0.1272	所得階層内タイル尺度	第Ⅰ分位	0.0780	−0.0486
	第Ⅱ分位	0.0161	−0.0274		第Ⅱ分位	0.0116	0.3575
	第Ⅲ分位	0.0138	−0.0296		第Ⅲ分位	0.0096	0.3944
	第Ⅳ分位	0.0121	−0.0107		第Ⅳ分位	0.0090	0.3321
	第Ⅴ分位	0.0317	−0.0261		第Ⅴ分位	0.0248	0.2429
所得階層間タイル尺度		0.0658	−0.0414	所得階層間タイル尺度		0.0568	0.1102
全体のタイル尺度		0.0919	−0.0450	全体のタイル尺度		0.0780	0.1249

1960年代							
所得 Y_B	区分	タイル尺度 $T(Y_B)$	所得課税の再分配効果 $R(Y_A, Y_B)$	所得 Y_D	区分	タイル尺度 $T(Y_D)$	再分配効果 $R(Y_A, Y_D)$
所得階層内タイル尺度	第Ⅰ分位	0.0502	0.4780	所得階層内タイル尺度	第Ⅰ分位	0.0633	0.1731
	第Ⅱ分位	0.0058	1.6977		第Ⅱ分位	0.0059	1.6432
	第Ⅲ分位	0.0058	1.3094		第Ⅲ分位	0.0057	1.3524
	第Ⅳ分位	0.0064	0.8574		第Ⅳ分位	0.0064	0.8661
	第Ⅴ分位	0.0211	0.4644		第Ⅴ分位	0.0221	0.3944
所得階層間タイル尺度		0.0406	0.5549	所得階層間タイル尺度		0.0434	0.4541
全体のタイル尺度		0.0559	0.5692	全体のタイル尺度		0.0604	0.4526

1970年代							
所得 Y_B	区分	タイル尺度 $T(Y_B)$	所得課税の再分配効果 $R(Y_A, Y_B)$	所得 Y_D	区分	タイル尺度 $T(Y_D)$	再分配効果 $R(Y_A, Y_D)$
所得階層内タイル尺度	第Ⅰ分位	0.0636	0.1669	所得階層内タイル尺度	第Ⅰ分位	0.0762	−0.0263
	第Ⅱ分位	0.0097	0.6210		第Ⅱ分位	0.0101	0.5579
	第Ⅲ分位	0.0081	0.6590		第Ⅲ分位	0.0084	0.6017
	第Ⅳ分位	0.0079	0.5088		第Ⅳ分位	0.0082	0.4650
	第Ⅴ分位	0.0228	0.3514		第Ⅴ分位	0.0240	0.2832
所得階層間タイル尺度		0.0510	0.2362	所得階層間タイル尺度		0.0537	0.1736
全体のタイル尺度		0.0695	0.2631	全体のタイル尺度		0.0740	0.1868

1980年代							
所得 Y_B	区分	タイル尺度 $T(Y_B)$	所得課税の再分配効果 $R(Y_A, Y_B)$	所得 Y_D	区分	タイル尺度 $T(Y_D)$	再分配効果 $R(Y_A, Y_D)$
所得階層内タイル尺度	第Ⅰ分位	0.0670	0.1070	所得階層内タイル尺度	第Ⅰ分位	0.0774	−0.0416
	第Ⅱ分位	0.0110	0.4248		第Ⅱ分位	0.0111	0.4095
	第Ⅲ分位	0.0090	0.4939		第Ⅲ分位	0.0092	0.4618
	第Ⅳ分位	0.0085	0.4091		第Ⅳ分位	0.0087	0.3747
	第Ⅴ分位	0.0230	0.3391		第Ⅴ分位	0.0248	0.2419
所得階層間タイル尺度		0.0526	0.1979	所得階層間タイル尺度		0.0554	0.1386
全体のタイル尺度		0.0720	0.2192	全体のタイル尺度		0.0764	0.1491

表 6.1（続）

1990 年代	区分	タイル尺度 $T(Y_B)$	所得課税の再分配効果 $R(Y_A, Y_B)$	所得 Y_D	区分	タイル尺度 $T(Y_D)$	再分配効果 $R(Y_A, Y_D)$
所得 Y_B							
所得階層内タイル尺度	第Ⅰ分位	0.0675	0.0997	所得階層内タイル尺度	第Ⅰ分位	0.0779	−0.0473
	第Ⅱ分位	0.0113	0.3869		第Ⅱ分位	0.0115	0.3710
	第Ⅲ分位	0.0093	0.4406		第Ⅲ分位	0.0095	0.4094
	第Ⅳ分位	0.0087	0.3791		第Ⅳ分位	0.0089	0.3472
	第Ⅴ分位	0.0230	0.3414		第Ⅴ分位	0.0247	0.2469
所得階層間タイル尺度		0.0530	0.1890	所得階層間タイル尺度		0.0558	0.1301
全体のタイル尺度		0.0726	0.2095	全体のタイル尺度		0.0770	0.1404
2000 年代	区分	タイル尺度 $T(Y_B)$	所得課税の再分配効果 $R(Y_A, Y_B)$	所得 Y_D	区分	タイル尺度 $T(Y_D)$	再分配効果 $R(Y_A, Y_D)$
所得 Y_B							
所得階層内タイル尺度	第Ⅰ分位	0.0678	0.0938	所得階層内タイル尺度	第Ⅰ分位	0.0782	−0.0512
	第Ⅱ分位	0.0116	0.3504		第Ⅱ分位	0.0117	0.3435
	第Ⅲ分位	0.0097	0.3843		第Ⅲ分位	0.0097	0.3795
	第Ⅳ分位	0.0092	0.2999		第Ⅳ分位	0.0091	0.3218
	第Ⅴ分位	0.0245	0.2587		第Ⅴ分位	0.0248	0.2439
所得階層間タイル尺度		0.0545	0.1575	所得階層間タイル尺度		0.0567	0.1124
全体のタイル尺度		0.0747	0.1747	全体のタイル尺度		0.0780	0.1254

備考）　全体のタイル尺度＝Σ所得階級内タイル尺度×ウェイト＋所得階級間タイル尺度。
出所）　筆者作成。

金による収入の合計の割引現在価値である所得 Y_A を、低い所得の家計から等分に世帯数を5つに分け、第Ⅰ分位、第Ⅱ分位、第Ⅲ分位、第Ⅳ分位、第Ⅴ分位とする。すなわち、ライフサイクルにおける所得階層である。

所得 Y_A のタイル尺度 $T(Y_A)$ によれば、所得階層内格差と所得階層間格差を概観したとき、ほとんどの所得階層内格差は、所得階層間格差（0.0631）よりも小さい。しかし、第Ⅰ分位の階層内格差（0.0742）は階層間格差を上回るほど大きく、次いで第Ⅴ分位の階層内格差（0.0308）が大きい。所得分布の上部と下部の所得格差が大きいことがわかる。

所得課税の再分配効果 $R(Y_A, Y_B)$ はプラスで、特に第Ⅲ分位の効果（0.3980）が大きく、次いで第Ⅱ分位（0.3636）で、最も小さい再分配効果をもつのは第Ⅰ分位（0.0970）である。また、年代が新しくなるにつれて、所得課税の再分配効果が低下していることも示されている。すなわち、過去の所得課税の税制改正は、再分配効果を弱くする方向で行われてきたといえよう。一方、社会保険料の再分配効果 $R(Y_A, Y_C)$ については、マイナスの

表6.2　世代階層別のタイル尺度と再分配効果

全期間								
所得 Y_A	区分	タイル尺度 $T(Y_A)$	ウェイト	所得 Y_B	区分	タイル尺度 $T(Y_B)$	所得課税の再分配効果 $R(Y_A,Y_B)$	
世代内タイル尺度	20歳以上30歳未満	0.0962	0.0570	世代内タイル尺度	20歳以上30歳未満	0.0793	0.2124	
	30歳以上40歳未満	0.0794	0.2736		30歳以上40歳未満	0.0669	0.1865	
	40歳以上50歳未満	0.0864	0.3424		40歳以上50歳未満	0.0739	0.1678	
	50歳以上60歳未満	0.0911	0.3270		50歳以上60歳未満	0.0782	0.1660	
世代間タイル尺度		0.0012		世代間タイル尺度		0.0010	0.1677	
全体のタイル尺度		0.0878		全体のタイル尺度		0.0748	0.1742	
所得 Y_C	区分	タイル尺度 $T(Y_C)$	社会保険料の再分配効果 $R(Y_A,Y_C)$	所得 Y_D	区分	タイル尺度 $T(Y_D)$	再分配効果 $R(Y_A,Y_D)$	
世代内タイル尺度	20歳以上30歳未満	0.1015	−0.0524	世代内タイル尺度	20歳以上30歳未満	0.0834	0.1522	
	30歳以上40歳未満	0.0836	−0.0494		30歳以上40歳未満	0.0701	0.1325	
	40歳以上50歳未満	0.0904	−0.0450		40歳以上50歳未満	0.0772	0.1192	
	50歳以上60歳未満	0.0955	−0.0460		50歳以上60歳未満	0.0818	0.1144	
世代間タイル尺度		0.0011	0.1308	世代間タイル尺度		0.0009	0.3389	
全体のタイル尺度		0.0919	−0.0450	全体のタイル尺度		0.0780	0.1249	

1960年代								
所得 Y_B	区分	タイル尺度 $T(Y_B)$	所得課税の再分配効果 $R(Y_A,Y_B)$	所得 Y_D	区分	タイル尺度 $T(Y_D)$	再分配効果 $R(Y_A,Y_D)$	
世代内タイル尺度	20歳以上30歳未満	0.0586	0.6399	世代内タイル尺度	20歳以上30歳未満	0.0636	0.5111	
	30歳以上40歳未満	0.0493	0.6126		30歳以上40歳未満	0.0532	0.4921	
	40歳以上50歳未満	0.0553	0.5625		40歳以上50歳未満	0.0596	0.4484	
	50歳以上60歳未満	0.0600	0.5190		50歳以上60歳未満	0.0649	0.4035	
世代間タイル尺度		0.0004	1.8092	世代間タイル尺度		0.0004	1.8256	
全体のタイル尺度		0.0559	0.5692	全体のタイル尺度		0.0604	0.4526	

1970年代								
所得 Y_B	区分	タイル尺度 $T(Y_B)$	所得課税の再分配効果 $R(Y_A,Y_B)$	所得 Y_D	区分	タイル尺度 $T(Y_D)$	再分配効果 $R(Y_A,Y_D)$	
世代内タイル尺度	20歳以上30歳未満	0.0724	0.3280	世代内タイル尺度	20歳以上30歳未満	0.0724	0.3280	
	30歳以上40歳未満	0.0616	0.2893		30歳以上40歳未満	0.0616	0.2893	
	40歳以上50歳未満	0.0687	0.2569		40歳以上50歳未満	0.0687	0.2569	
	50歳以上60歳未満	0.0740	0.2312		50歳以上60歳未満	0.0740	0.2312	
世代間タイル尺度		0.0007	0.6806	世代間タイル尺度		0.0007	0.6806	
全体のタイル尺度		0.0695	0.2631	全体のタイル尺度		0.0695	0.2631	

第6章 所得課税と社会保険料の再分配効果　155

表6.2（続）

1980年代							
所得 Y_B	区分	タイル尺度 $T(Y_B)$	所得課税の再分配効果 $R(Y_A, Y_B)$	所得 Y_D	区分	タイル尺度 $T(Y_D)$	再分配効果 $R(Y_A, Y_D)$
世代内タイル尺度	20歳以上30歳未満	0.0743	0.2940	世代内タイル尺度	20歳以上30歳未満	0.0799	0.2029
	30歳以上40歳未満	0.0637	0.2470		30歳以上40歳未満	0.0680	0.1676
	40歳以上50歳未満	0.0713	0.2115		40歳以上50歳未満	0.0757	0.1414
	50歳以上60歳未満	0.0763	0.1945		50歳以上60歳未満	0.0809	0.1271
世代間タイル尺度		0.0009	0.2687	世代間タイル尺度		0.0008	0.4493
全体のタイル尺度		0.0720	0.2192	全体のタイル尺度		0.0764	0.1491
1990年代							
所得 Y_B	区分	タイル尺度 $T(Y_B)$	所得課税の再分配効果 $R(Y_A, Y_B)$	所得 Y_D	区分	タイル尺度 $T(Y_D)$	再分配効果 $R(Y_A, Y_D)$
世代内タイル尺度	20歳以上30歳未満	0.0759	0.2675	世代内タイル尺度	20歳以上30歳未満	0.0816	0.1789
	30歳以上40歳未満	0.0645	0.2323		30歳以上40歳未満	0.0688	0.1544
	40歳以上50歳未満	0.0717	0.2047		40歳以上50歳未満	0.0760	0.1356
	50歳以上60歳未満	0.0767	0.1885		50歳以上60歳未満	0.0813	0.1217
世代間タイル尺度		0.0010	0.2340	世代間タイル尺度		0.0008	0.4082
全体のタイル尺度		0.0726	0.2095	全体のタイル尺度		0.0770	0.1404
2000年代							
所得 Y_B	区分	タイル尺度 $T(Y_B)$	所得課税の再分配効果 $R(Y_A, Y_B)$	所得 Y_D	区分	タイル尺度 $T(Y_D)$	再分配効果 $R(Y_A, Y_D)$
世代内タイル尺度	世代階層内タイル	0.0792	0.2145	世代内タイル尺度	20歳以上30歳未満	0.0833	0.1543
	30歳以上40歳未満	0.0669	0.1881		30歳以上40歳未満	0.0700	0.1340
	40歳以上50歳未満	0.0739	0.1688		40歳以上50歳未満	0.0771	0.1201
	50歳以上60歳未満	0.0782	0.1661		50歳以上60歳未満	0.0818	0.1144
世代間タイル尺度		0.0010	0.1431	世代間タイル尺度		0.0009	0.3092
全体のタイル尺度		0.0747	0.1747	全体のタイル尺度		0.0780	0.1254

備考）　全体のタイル尺度＝Σ世代内タイル尺度×ウェイト＋世代間タイル尺度。
出所）　筆者作成。

格差拡大の再分配効果が強く，なかでも第Ⅰ分位の再分配効果のマイナス幅は大きい（▲0.1272）。社会保険料が低所得者にとって逆進性をもっていることが指摘できる。

　第3に，表6.2では，世代階層別のタイル尺度と再分配効果を示した。世代の区別は，2004年時点の世帯主の年齢を基準として，20歳以上30歳未満（20歳代），30歳以上40歳未満（30歳代），40歳以上50歳未満（40歳代），

表6.3 所得階層別・世代階層別のタイル尺度と再分配効果（参考①）

全期間

所得 Y_A	区分	タイル尺度 $T(Y_A)$	ウェイト	所得 Y_B	区分	タイル尺度 $T(Y_B)$	所得課税の再分配効果 $R(Y_A, Y_B)$
	第Ⅰ分位				第Ⅰ分位		
	20歳以上30歳未満	0.0549	0.0172		20歳以上30歳未満	0.0481	0.1411
	30歳以上40歳未満	0.0116	0.0196		30歳以上40歳未満	0.0080	0.4498
	40歳以上50歳未満	0.0090	0.0109		40歳以上50歳未満	0.0057	0.5746
	50歳以上60歳未満	0.0070	0.0061		50歳以上60歳未満	0.0055	0.2746
	第Ⅱ分位				第Ⅱ分位		
	20歳以上30歳未満	0.0267	0.0031		20歳以上30歳未満	0.0129	1.0761
	30歳以上40歳未満	0.0650	0.0265		30歳以上40歳未満	0.0608	0.0702
	40歳以上50歳未満	0.0082	0.0675		40歳以上50歳未満	0.0063	0.3055
	50歳以上60歳未満	0.0066	0.0776		50歳以上60歳未満	0.0047	0.3950
所得階層内・世代内タイル尺度	第Ⅲ分位			所得階層内・世代内タイル尺度	第Ⅲ分位		
	20歳以上30歳未満	0.0057	0.0584		20歳以上30歳未満	0.0043	0.3264
	30歳以上40歳未満	0.0229	0.0435		30歳以上40歳未満	0.0180	0.2711
	40歳以上50歳未満	0.0670	0.0220		40歳以上50歳未満	0.0646	0.0371
	50歳以上60歳未満	0.0048	0.0394		50歳以上60歳未満	0.0045	0.0714
	第Ⅳ分位				第Ⅳ分位		
	20歳以上30歳未満	0.0043	0.0637		20歳以上30歳未満	0.0039	0.1057
	30歳以上40歳未満	0.0042	0.0936		30歳以上40歳未満	0.0036	0.1683
	40歳以上50歳未満	0.0254	0.1238		40歳以上50歳未満	0.0205	0.2360
	50歳以上60歳未満	0.0591	0.0316		50歳以上60歳未満	0.0571	0.0361
	第Ⅴ分位				第Ⅴ分位		
	20歳以上30歳未満	0.0061	0.0366		20歳以上30歳未満	0.0057	0.0635
	30歳以上40歳未満	0.0052	0.0479		30歳以上40歳未満	0.0048	0.0941
	40歳以上50歳未満	0.0040	0.0748		40歳以上50歳未満	0.0037	0.0829
	50歳以上60歳未満	0.0241	0.1361		50歳以上60歳未満	0.0193	0.2455
所得階層間・世代間タイル尺度		0.0709		所得階層間・世代間タイル尺度		0.0602	0.1773
全体のタイル尺度		0.0878		全体のタイル尺度		0.0748	0.1742

所得 Y_C	区分	タイル尺度 $T(Y_C)$	社会保険料の再分配効果 $R(Y_A, Y_C)$	所得 Y_D	区分	タイル尺度 $T(Y_D)$	再分配効果 $R(Y_A, Y_D)$
	第Ⅰ分位				第Ⅰ分位		
	20歳以上30歳未満	0.0602	−0.0868		20歳以上30歳未満	0.0528	0.0398
	30歳以上40歳未満	0.0129	−0.0991		30歳以上40歳未満	0.0089	0.3118
	40歳以上50歳未満	0.0100	−0.1065		40歳以上50歳未満	0.0063	0.4289
	50歳以上60歳未満	0.0076	−0.0815		50歳以上60歳未満	0.0056	0.2380
	第Ⅱ分位				第Ⅱ分位		
	20歳以上30歳未満	0.0293	−0.0892		20歳以上30歳未満	0.0143	0.8718
	30歳以上40歳未満	0.0737	−0.1174		30歳以上40歳未満	0.0691	−0.0587
	40歳以上50歳未満	0.0089	−0.0747		40歳以上50歳未満	0.0067	0.2311
	50歳以上60歳未満	0.0072	−0.0803		50歳以上60歳未満	0.0050	0.3204
所得階層内・世代内タイル尺度	第Ⅲ分位			所得階層内・世代内タイル尺度	第Ⅲ分位		
	20歳以上30歳未満	0.0061	−0.0698		20歳以上30歳未満	0.0044	0.2864
	30歳以上40歳未満	0.0241	−0.0495		30歳以上40歳未満	0.0186	0.2308
	40歳以上50歳未満	0.0807	−0.1707		40歳以上50歳未満	0.0781	−0.1432
	50歳以上60歳未満	0.0048	−0.0001		50歳以上60歳未満	0.0044	0.0991
	第Ⅳ分位				第Ⅳ分位		
	20歳以上30歳未満	0.0044	−0.0271		20歳以上30歳未満	0.0039	0.1042
	30歳以上40歳未満	0.0043	−0.0381		30歳以上40歳未満	0.0036	0.1624
	40歳以上50歳未満	0.0263	−0.0370		40歳以上50歳未満	0.0210	0.2054
	50歳以上60歳未満	0.0721	−0.1801		50歳以上60歳未満	0.0699	−0.1540
	第Ⅴ分位				第Ⅴ分位		
	20歳以上30歳未満	0.0062	−0.0221		20歳以上30歳未満	0.0058	0.0513
	30歳以上40歳未満	0.0053	−0.0188		30歳以上40歳未満	0.0048	0.0913
	40歳以上50歳未満	0.0041	−0.0144		40歳以上50歳未満	0.0037	0.0885
	50歳以上60歳未満	0.0249	−0.0319		50歳以上60歳未満	0.0197	0.2200
所得階層間・世代間タイル尺度		0.0736	−0.0365	所得階層間・世代間タイル尺度		0.0623	0.1384
全体のタイル尺度		0.0919	−0.0450	全体のタイル尺度		0.0780	0.1249

第6章 所得課税と社会保険料の再分配効果

(参考②)

1960 年代

所得 Y_B	区分		タイル尺度 $T(Y_B)$	所得課税の再分配効果 $R(Y_A, Y_B)$	所得 Y_D	区分		タイル尺度 $T(Y_D)$	再分配効果 $R(Y_A, Y_D)$
所得階層内・世代内タイル尺度	第Ⅰ分位				所得階層内・世代内タイル尺度	第Ⅰ分位			
		20歳以上30歳未満	0.0336	0.6350			20歳以上30歳未満	0.0397	0.3837
		30歳以上40歳未満	0.0050	1.3306			30歳以上40歳未満	0.0053	1.2048
		40歳以上50歳未満	0.0052	0.7129			40歳以上50歳未満	0.0056	0.6091
		50歳以上60歳未満	0.0065	0.0719			50歳以上60歳未満	0.0070	0.0002
	第Ⅱ分位					第Ⅱ分位			
		20歳以上30歳未満	0.0067	2.9801			20歳以上30歳未満	0.0069	2.8972
		30歳以上40歳未満	0.0470	0.3848			30歳以上40歳未満	0.0579	0.1239
		40歳以上50歳未満	0.0041	1.0054			40歳以上50歳未満	0.0041	0.9978
		50歳以上60歳未満	0.0039	0.6796			50歳以上60歳未満	0.0037	0.7749
	第Ⅲ分位					第Ⅲ分位			
		20歳以上30歳未満	0.0051	0.1055			20歳以上30歳未満	0.0051	0.1156
		30歳以上40歳未満	0.0178	0.2840			30歳以上40歳未満	0.0190	0.2064
		40歳以上50歳未満	0.0533	0.2556			40歳以上50歳未満	0.0693	−0.0341
		50歳以上60歳未満	0.0044	0.1000			50歳以上60歳未満	0.0042	0.1550
	第Ⅳ分位					第Ⅳ分位			
		20歳以上30歳未満	0.0045	−0.0312			20歳以上30歳未満	0.0042	0.0271
		30歳以上40歳未満	0.0041	0.0136			30歳以上40歳未満	0.0039	0.0632
		40歳以上50歳未満	0.0200	0.2662			40歳以上50歳未満	0.0211	0.2015
		50歳以上60歳未満	0.0493	0.2006			50歳以上60歳未満	0.0637	−0.0711
	第Ⅴ分位					第Ⅴ分位			
		20歳以上30歳未満	0.0059	0.0240			20歳以上30歳未満	0.0059	0.0192
		30歳以上40歳未満	0.0057	−0.0856			30歳以上40歳未満	0.0055	−0.0541
		40歳以上50歳未満	0.0046	−0.1236			40歳以上50歳未満	0.0045	−0.0948
		50歳以上60歳未満	0.0191	0.2604			50歳以上60歳未満	0.0199	0.2098
所得階層間・世代間タイル尺度			0.0423		所得階層間・世代間タイル尺度			0.0452	
全体のタイル尺度			0.0559		全体のタイル尺度			0.0604	

1970 年代

所得 Y_B	区分		タイル尺度 $T(Y_B)$	所得課税の再分配効果 $R(Y_A, Y_B)$	所得 Y_D	区分		タイル尺度 $T(Y_D)$	再分配効果 $R(Y_A, Y_D)$
所得階層内・世代内タイル尺度	第Ⅰ分位				所得階層内・世代内タイル尺度	第Ⅰ分位			
		20歳以上30歳未満	0.0447	0.2278			20歳以上30歳未満	0.0505	0.0877
		30歳以上40歳未満	0.0068	0.7145			30歳以上40歳未満	0.0074	0.5667
		40歳以上50歳未満	0.0049	0.8155			40歳以上50歳未満	0.0055	0.6454
		50歳以上60歳未満	0.0054	0.2896			50歳以上60歳未満	0.0059	0.1830
	第Ⅱ分位					第Ⅱ分位			
		20歳以上30歳未満	0.0088	2.0247			20歳以上30歳未満	0.0090	1.9541
		30歳以上40歳未満	0.0579	0.1232			30歳以上40歳未満	0.0682	−0.0468
		40歳以上50歳未満	0.0056	0.4700			40歳以上50歳未満	0.0060	0.3805
		50歳以上60歳未満	0.0042	0.5681			50歳以上60歳未満	0.0044	0.4940
	第Ⅲ分位					第Ⅲ分位			
		20歳以上30歳未満	0.0040	0.3981			20歳以上30歳未満	0.0042	0.3392
		30歳以上40歳未満	0.0171	0.3340			30歳以上40歳未満	0.0183	0.2503
		40歳以上50歳未満	0.0621	0.0773			40歳以上50歳未満	0.0775	−0.1359
		50歳以上60歳未満	0.0044	0.1000			50歳以上60歳未満	0.0043	0.1197
	第Ⅳ分位					第Ⅳ分位			
		20歳以上30歳未満	0.0038	0.1327			20歳以上30歳未満	0.0039	0.1175
		30歳以上40歳未満	0.0035	0.2035			30歳以上40歳未満	0.0035	0.1793
		40歳以上50歳未満	0.0198	0.2812			40歳以上50歳未満	0.0210	0.2088
		50歳以上60歳未満	0.0556	0.0642			50歳以上60歳未満	0.0696	−0.1500
	第Ⅴ分位					第Ⅴ分位			
		20歳以上30歳未満	0.0058	0.0523			20歳以上30歳未満	0.0059	0.0310
		30歳以上40歳未満	0.0049	0.0534			30歳以上40歳未満	0.0050	0.0487
		40歳以上50歳未満	0.0039	0.0350			40歳以上50歳未満	0.0039	0.0317
		50歳以上60歳未満	0.0192	0.2509			50歳以上60歳未満	0.0202	0.1929
所得階層間・世代間タイル尺度			0.0554	0.2805	所得階層間・世代間タイル尺度			0.0583	0.2162
全体のタイル尺度			0.0695	0.2631	全体のタイル尺度			0.0740	0.1868

(参考③)

1980年代

所得 Y_B	区分		タイル尺度 $T(Y_B)$	所得課税の再分配効果 $R(Y_A, Y_B)$	所得 Y_D	区分		タイル尺度 $T(Y_D)$	再分配効果 $R(Y_A, Y_D)$
所得階層内・世代内タイル尺度	第Ⅰ分位				所得階層内・世代内タイル尺度	第Ⅰ分位			
		20歳以上30歳未満	0.0471	0.1673			20歳以上30歳未満	0.0517	0.0623
		30歳以上40歳未満	0.0072	0.6234			30歳以上40歳未満	0.0079	0.4696
		40歳以上50歳未満	0.0049	0.8412			40歳以上50歳未満	0.0056	0.6058
		50歳以上60歳未満	0.0054	0.2832			50歳以上60歳未満	0.0062	0.1232
	第Ⅱ分位					第Ⅱ分位			
		20歳以上30歳未満	0.0094	1.8296			20歳以上30歳未満	0.0099	1.7005
		30歳以上40歳未満	0.0602	0.0794			30歳以上40歳未満	0.0686	-0.0520
		40歳以上50歳未満	0.0061	0.3530			40歳以上50歳未満	0.0065	0.2627
		50歳以上60歳未満	0.0044	0.5174			50歳以上60歳未満	0.0047	0.4059
	第Ⅲ分位					第Ⅲ分位			
		20歳以上30歳未満	0.0038	0.4841			20歳以上30歳未満	0.0042	0.3508
		30歳以上40歳未満	0.0170	0.3447			30歳以上40歳未満	0.0189	0.2084
		40歳以上50歳未満	0.0642	0.0423			40歳以上50歳未満	0.0778	-0.1400
		50歳以上60歳未満	0.0044	0.0975			50歳以上60歳未満	0.0044	0.1001
	第Ⅳ分位					第Ⅳ分位			
		20歳以上30歳未満	0.0038	0.1261			20歳以上30歳未満	0.0040	0.0726
		30歳以上40歳未満	0.0034	0.2110			30歳以上40歳未満	0.0036	0.1481
		40歳以上50歳未満	0.0194	0.3058			40歳以上50歳未満	0.0214	0.1860
		50歳以上60歳未満	0.0568	0.0416			50歳以上60歳未満	0.0697	-0.1511
	第Ⅴ分位					第Ⅴ分位			
		20歳以上30歳未満	0.0057	0.0651			20歳以上30歳未満	0.0059	0.0270
		30歳以上40歳未満	0.0048	0.0892			30歳以上40歳未満	0.0050	0.0451
		40歳以上50歳未満	0.0038	0.0793			40歳以上50歳未満	0.0039	0.0386
		50歳以上60歳未満	0.0188	0.2831			50歳以上60歳未満	0.0203	0.1864
所得階層間・世代間タイル尺度			0.0578	0.2256	所得階層間・世代間タイル尺度			0.0605	0.1710
全体のタイル尺度			0.0720	0.2192	全体のタイル尺度			0.0764	0.1491

1990年代

所得 Y_B	区分		タイル尺度 $T(Y_B)$	所得課税の再分配効果 $R(Y_A, Y_B)$	所得 Y_D	区分		タイル尺度 $T(Y_D)$	再分配効果 $R(Y_A, Y_D)$
所得階層内・世代内タイル尺度	第Ⅰ分位				所得階層内・世代内タイル尺度	第Ⅰ分位			
		20歳以上30歳未満	0.0494	0.1119			20歳以上30歳未満	0.0542	0.0139
		30歳以上40歳未満	0.0083	0.3972			30歳以上40歳未満	0.0092	0.2597
		40歳以上50歳未満	0.0057	0.5875			40歳以上50歳未満	0.0063	0.4324
		50歳以上60歳未満	0.0055	0.2746			50歳以上60歳未満	0.0057	0.2342
	第Ⅱ分位					第Ⅱ分位			
		20歳以上30歳未満	0.0126	1.1188			20歳以上30歳未満	0.0139	0.9164
		30歳以上40歳未満	0.0620	0.0492			30歳以上40歳未満	0.0704	-0.0762
		40歳以上50歳未満	0.0066	0.2407			40歳以上50歳未満	0.0071	0.1621
		50歳以上60歳未満	0.0049	0.3389			50歳以上60歳未満	0.0053	0.2535
	第Ⅲ分位					第Ⅲ分位			
		20歳以上30歳未満	0.0042	0.3455			20歳以上30歳未満	0.0044	0.2923
		30歳以上40歳未満	0.0177	0.2899			30歳以上40歳未満	0.0183	0.2492
		40歳以上50歳未満	0.0651	0.0281			40歳以上50歳未満	0.0788	-0.1499
		50歳以上60歳未満	0.0045	0.0730			50歳以上60歳未満	0.0044	0.0976
	第Ⅳ分位					第Ⅳ分位			
		20歳以上30歳未満	0.0039	0.0976			20歳以上30歳未満	0.0040	0.0895
		30歳以上40歳未満	0.0036	0.1542			30歳以上40歳未満	0.0037	0.1392
		40歳以上50歳未満	0.0203	0.2488			40歳以上50歳未満	0.0208	0.2180
		50歳以上60歳未満	0.0572	0.0332			50歳以上60歳未満	0.0701	-0.1560
	第Ⅴ分位					第Ⅴ分位			
		20歳以上30歳未満	0.0057	0.0646			20歳以上30歳未満	0.0058	0.0516
		30歳以上40歳未満	0.0047	0.0980			30歳以上40歳未満	0.0048	0.0942
		40歳以上50歳未満	0.0037	0.0846			40歳以上50歳未満	0.0037	0.0890
		50歳以上60歳未満	0.0193	0.2441			50歳以上60歳未満	0.0198	0.2185
所得階層間・世代間タイル尺度			0.0608	0.1655	所得階層間・世代間タイル尺度			0.0629	0.1273
全体のタイル尺度			0.0754	0.1637	全体のタイル尺度			0.0787	0.1150

第6章 所得課税と社会保険料の再分配効果　159

(参考④)

2000年代

所得 Y_B	区分	タイル尺度 $T(Y_B)$	所得課税の再分配効果 $R(Y_A, Y_B)$	所得 Y_D	区分	タイル尺度 $T(Y_D)$	再分配効果 $R(Y_A, Y_D)$
所得階層内・世代内タイル尺度	第Ⅰ分位			所得階層内・世代内タイル尺度	第Ⅰ分位		
	20歳以上30歳未満	0.0482	0.1392		20歳以上30歳未満	0.0529	0.0382
	30歳以上40歳未満	0.0080	0.4482		30歳以上40歳未満	0.0089	0.3095
	40歳以上50歳未満	0.0057	0.5860		40歳以上50歳未満	0.0062	0.4369
	50歳以上60歳未満	0.0054	0.2855		50歳以上60歳未満	0.0056	0.2470
	第Ⅱ分位				第Ⅱ分位		
	20歳以上30歳未満	0.0129	1.0674		20歳以上30歳未満	0.0143	0.8630
	30歳以上40歳未満	0.0609	0.0672		30歳以上40歳未満	0.0693	−0.0611
	40歳以上50歳未満	0.0063	0.2999		40歳以上50歳未満	0.0067	0.2249
	50歳以上60歳未満	0.0047	0.3932		50歳以上60歳未満	0.0050	0.3165
	第Ⅲ分位				第Ⅲ分位		
	20歳以上30歳未満	0.0042	0.3340		20歳以上30歳未満	0.0044	0.2916
	30歳以上40歳未満	0.0178	0.2819		30歳以上40歳未満	0.0184	0.2408
	40歳以上50歳未満	0.0646	0.0359		40歳以上50歳未満	0.0782	−0.1441
	50歳以上60歳未満	0.0045	0.0736		50歳以上60歳未満	0.0044	0.1012
	第Ⅳ分位				第Ⅳ分位		
	20歳以上30歳未満	0.0039	0.1061		20歳以上30歳未満	0.0039	0.1038
	30歳以上40歳未満	0.0036	0.1683		30歳以上40歳未満	0.0036	0.1612
	40歳以上50歳未満	0.0204	0.2405		40歳以上50歳未満	0.0210	0.2098
	50歳以上60歳未満	0.0571	0.0361		50歳以上60歳未満	0.0699	−0.1540
	第Ⅴ分位				第Ⅴ分位		
	20歳以上30歳未満	0.0057	0.0637		20歳以上30歳未満	0.0058	0.0514
	30歳以上40歳未満	0.0048	0.0943		30歳以上40歳未満	0.0048	0.0915
	40歳以上50歳未満	0.0037	0.0832		40歳以上50歳未満	0.0037	0.0888
	50歳以上60歳未満	0.0193	0.2456		50歳以上60歳未満	0.0197	0.2201
所得階層間・世代間タイル尺度		0.0602	0.1777	所得階層間・世代間タイル尺度		0.0622	0.1390
全体のタイル尺度		0.0747	0.1747	全体のタイル尺度		0.0780	0.1254

備考)　全体のタイル尺度＝Σ所得階層内タイル尺度×ウェイト＋所得階層間タイル尺度。
出所)　筆者作成。

50歳以上60歳未満（50歳代）の4つに区分している。

所得 Y_A のタイル尺度 $T(Y_A)$ によれば、世代間格差（0.0012）よりも世代内格差が大きい。特に20歳代（0.0962）と50歳代（0.0911）に階層内所得格差が大きく広がっている。老年期の所得格差が広がっていることは高齢化によって説明がつくが、若年期の所得格差の拡大には注意を払っておく必要がある。20歳代の世代内タイル尺度を年代別に見れば、2000年代がもっともタイル尺度が高く、若い世代の所得格差が拡大していることがわかる。所得課税の再分配効果 $R(Y_A, Y_B)$ はプラスで、特に20歳代への効果が大きい。社会保険料の再分配効果 $R(Y_A, Y_C)$ については、マイナスの再分配効果で、所得が低い20歳代でマイナスが強くなる傾向にある。

最後に、表6.3には、参考として所得階層別・世代階層別のタイル尺度と再分配効果の分析結果を示した。表6.1の所得階層別と表6.2の世代階層別の分析結果をクロスした一覧を参考資料として提示している。

8．まとめ

本章では、家計のマイクロデータを用いてライフサイクルモデルを構築し、所得課税と社会保険料がもつ所得再分配効果を計測した。分析結果によれば、所得課税は所得格差を是正するものの、社会保険料は所得格差を拡大する、所得分布の上部と下部の所得格差は大きい、所得課税の再分配効果は徐々に低下してきている、低所得者にとって社会保険料は逆進性をもっている、若年期の所得格差の拡大が見られる、といったことが示された。

市場にゆだねると所得格差は広がる一方であるから、所得格差の是正は政府の所得再分配機能に期待するしかない。具体的には所得課税と社会保険制度によって、所得格差は是正されるのだが、その際に、家計をライフサイクルの観点からとらえることは重要である。

高齢化は所得格差の拡大の要因となるものの、社会全体で考えれば、むしろ若年期の所得格差の拡大の方が、政策的には問題である。若年期の所得格差が将来に持ち込まれるならば、所得格差の拡大が社会を不安定にする可能性がある。社会保険料が逆進性をもち、負の再分配効果をもっていることを考えれば、所得課税の再分配効果を高めることは重要になる。

具体的には、各種所得控除の税額控除化、課税対象となる所得区分（ブラケット）の変更が考えられる。特に公的年金控除を縮小化することは、高所得の高齢者に対して課税することになり、所得格差の是正のためには必要な改革である。または、大きな税収のロスを招いている社会保険料控除に上限を設けることも考えられるが、社会保険方式との整合性をどのようにとるのかが課題となるだろう。

9. 補論：限界実効税率と生涯負担率

　本章では、家計の可処分所得に影響をもたらす所得課税と社会保険料に注目し、家計の所得分配に所得課税と社会保険料がもたらす効果を、所得階層別および世代階層別に検証した。所得課税や社会保険料は、公平性と効率性の2つの視点から評価ができる。本章は公平性の視点から再分配効果について評価を行ったが、公平性を追求して再分配効果を大きくするほど、超過負担が大きくなり、効率性が失われる可能性がある

　本補論では効率性に注目した分析を行う。具体的には、本章のライフサイクルモデルをもとに、世帯別の生涯所得額と世帯別の生涯負担額を試算し、ライフサイクルにおける所得税の限界実効税率と生涯負担率を算出する。

　本補論が限界実効税率と生涯負担率に注目する理由は、以下の通りである。限界実効税率は、家計の経済行動、特に労働供給行動に対してマイナスの影響をもたらすと考えられる。限界実効税率が高ければ、家計の労働供給に対する効率性が損なわれる。限界的な経済行動に影響をもたらすのが限界実効税率である。なお、公的年金制度や所得課税の社会保険料控除を通して、限界実効税率は退職後の課税後収入にも影響をもたらす。

　一方の生涯負担率は、ライフサイクルにおける生涯の収入に対する生涯の税および社会保障における公的負担である。国民負担率がマクロの単年における公的負担率であるとすれば、ここでの生涯負担率は、家計のライフサイクルにおける公的負担である。世代及び時間を考えているところに、生涯負担率の特徴がある。

　ライフサイクルモデルの概念図、データの加工方法、作業手順、労働による収入の計測、年金収入の計測、及び所得課税と社会保険料の計測は本章に準じる。このとき、限界実効税率 τ と生涯負担率 T は、次の式によって得られる。いずれも割引現在価値で評価している。

$$\tau_t = \frac{\partial \sum_{a=a_m}^{a_d} \frac{(N_a^H + N_a^S + L_a^H + L_a^S + P_a^H + P_a^S)}{Q_t}}{\partial W_t^H} \tag{18}$$

$$T = \frac{\sum_{a=a_m}^{a_d} \frac{(N_a^H + N_a^S + L_a^H + L_a^S + P_a^H + P_a^S)}{Q_t}}{\sum_{a=a_m}^{a_d} \frac{(W_a^H + W_a^S + B_a^H + E_a^S)}{Q_t}} \tag{19}$$

ここで限界実効税率 τ_t は、仮に t 年に1単位の収入の増加があったと仮定し、その1単位の収入（分母）に対して、どれだけ生涯の公的負担（分子）が発生するかを試算することで得ている。t 年は1980年、1990年、2000年、2010年とする。また、生涯負担率 T は、ライフサイクルモデルから求めた租税負担と社会保険料負担の割引現在価値（分子）を、ライフサイクルでの生涯収入（分母）で除算して生涯負担率を算出する。図6.4 に限界

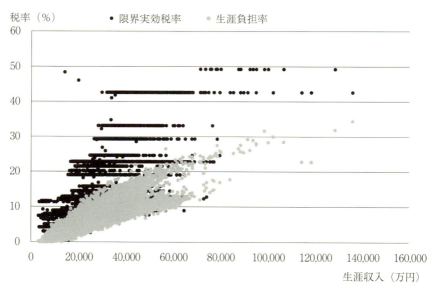

出所）筆者作成。

図6.4 限界実効税率と生涯負担率

実効税率と生涯負担率、図6.5では所得別の限界実効税率の推移を示す。

まず図6.4より、限界実効税率と生涯負担率（縦軸）の関係を、生涯収入（横軸）をもとにみてみよう。所得課税および社会保険料の制度にしたがって、限界実効税率と生涯負担率は、生涯所得が増えるほど大きくなっている。ただし、限界実効税率と生涯負担率を比べれば、収入の増加にともなって、限界実効税率は生涯負担率を上回って推移している。特に高い生涯収入の世帯において、限界実効税率が高くなる傾向が見てとれる。

このような限界実効税率と生涯負担率の乖離は、所得課税が家計の労働供給に対して非効率性をもつ可能性を示唆している。低所得階層については、それほど大きな乖離は見られないものの、中所得階層および高所得階層の乖離が大きいことが指摘できる。また、制度改革による影響を時系列で見ることも重要である。

そこで限界実効税率の経年的変化（5年おき）を所得階層別に検証しよう。以下では所得階層を5つの分位に区分し、第1所得階層（低）〜第5所得階層（高）と名前をつけた。図6.5には、それぞれの所得階層の年間収入（横軸）に対する限界実効税率（縦軸）を描いている。年間収入で評価しているのは、世帯の収入の大きさのイメージが容易だからである。

まず、低所等者層の限界実効税率は、当然ながら高所得者層よりも小さい。低所得者層の限界実効税率は、1980年に比べて1990年は相対的に低くなる。2000年にはやや上昇し、2010年はもっとも高い。第2所得階層から第4所得階層についても類似の傾向がみられており、1980年から2010年まで限界実効税率は上昇の一途をたどっている。最も高い第5所得階層は増減を繰り返し、1980年と比べて1990年の限界実効税率は高まるが、2000年には相対的に低下し、2010年に再び上昇している。

以上のことから、近年においては、ほとんどの所得階層において、限界実効税率は上昇傾向にあることがわかる。なかでも中所得階層の限界実効税率は、上昇の一途をたどっており、家計の労働供給への効率性の阻害が懸念される。限界実効税率を引き下げるには、税率構造の改正が必要である。しか

第1所得階層

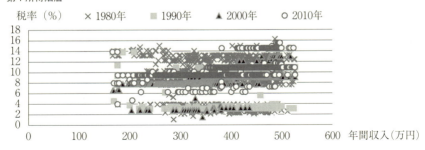

第2所得階層

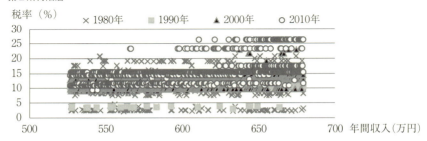

第3所得階層

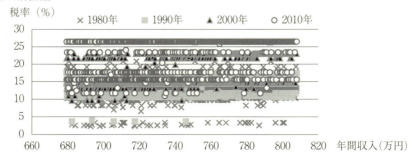

図6.5　限界実効税率の推移

第4所得階層

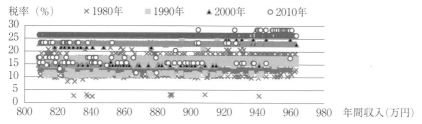

第5所得階層

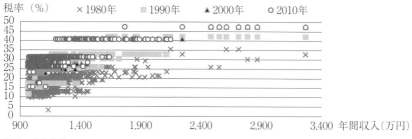

出所) 筆者作成。

図 6.5（続）

しながら日本の所得課税は、税率構造よりも控除に対する改正に偏ってきた。限界実効税率と労働供給のあり方については、特に女性の働き方についての検討が始まっており、今後も引き続き重要な論点になると考えられる。

一方の世帯の生涯負担率だが、世帯の特性によって左右されると考えられる。どのような世帯の生涯負担率が高く、どのような世帯の生涯負担率は低くなるのだろうか。また、その要因はどの程度の影響をもつのだろうか。そこで、配偶者控除、一般扶養控除、老人扶養控除を算定する際の世帯人員の数が、どの程度、生涯負担率に影響を与えているのかを推計する。推計モデルを以下の(20)式とする。

$$T_i = a_0 + a_{1_i} + a_2 DUM_i + a_3 H_i + \mu_i \tag{20}$$

ここで左辺の被説明変数は世帯別の生涯負担率 T_i である。右辺の説明変数は、Z_i が（世帯別生涯所得）を示す。（配偶者の就業状況）については、DUM_i が常勤（配偶者）ダミーとパート・アルバイト（配偶者）ダミーである。（控除要因）H_i は、16歳未満扶養者数、16歳以上19歳未満表者数、19歳以上23歳未満扶養者数、そして70歳以上扶養者数である。添え字 i は世帯である。なお、表6.4には変数の記述統計、表6.5には推計結果を示している。なお、推計は、全世帯、配偶者控除対象世帯、一般扶養控除対象世帯、老人扶養控除対象世帯に分けて実施した。

表6.5の推計結果から、世帯別生涯所得が大きくなると生涯負担率が高くなることは、所得課税の税制の仕組みが反映したものである。注目したいことは、生涯所得の要因をコントロールしても、配偶控除対象者、一般扶養控除対象者、老人扶養控除対象者によって、生涯負担率がどの程度影響を受けるのかである。

まず、配偶者の就業状況による影響を検証したところ、常勤とパート・アルバイトともに、生涯負担率を軽減させる要因となっている。これは、配偶者が無職である世帯に比べ、有職である世帯は、負担額の増加を上回る収入の増加を得ており、生涯負担率が低くなっている可能性を指摘できる。また、一般扶養控除対象者となる子どもなど、老人扶養控除対象者となる高齢者については、ともに扶養者の数が増えるほど生涯負担率は軽減する。その軽減の影響は、配偶者控除対象者が最も大きい係数をもっている。

最後に、配偶者控除対象世帯、一般扶養控除対象世帯、老人扶養控除対象世帯それぞれで控除を受けている世帯内の分析を実施した[13]。控除対象の世帯ごとでみると、配偶者控除対象世帯では、扶養者数が増えるほど生涯負担率が有意に大きくなっており、一般扶養控除対象世帯と老人扶養控除対象世帯でともに、配偶者が無職である世帯に比べ、有職の世帯の税負担率が有意に軽減することが明らかとなった。

第 6 章 所得課税と社会保険料の再分配効果

表 6.4 記述統計

変数名	標本数	平均	分散	最小値	最大値
生涯負担率(％)	27,134	5.76	4.07	0.00	34.40
生涯所得（万円）	27,134	20,643.34	11,958.82	0.00	136,018.30
常勤（配偶者）	27,134	0.26	0.44	0	1
パート・アルバイト（配偶者）	27,134	0.22	0.41	0	1
16 歳未満扶養者数	27,134	0.76	0.97	0	5
16 歳以上 19 歳未満扶養者数	27,134	0.23	0.53	0	3
19 歳以上 23 歳未満扶養者数	27,134	0.17	0.44	0	3
70 歳以上扶養者数	27,134	0.12	0.38	0	3

出所）筆者作成。

表 6.5 世帯別生涯負担率の要因分析

世帯別生涯負担率	全世帯			配偶者控除対象者			一般扶養控除対象			老人扶養控除対象		
	Coefficient	t 値	$P>|t|$	Coefficient	t 値	$P>|t|$	Coefficient	t 値	$P>|t|$	Coefficient	t 値	$P>|t|$
世帯別生涯所得	3.22.E-04	445.35***		3.18.E-04	379.92***		0.023	296.25***		2.69.E-04	121.42***	
常勤（配偶者）	−1.469	−72.82***					−2.366	−37.56***		−1.026	−19.06***	
パート・アルバイト（配偶者）	−1.202	−56.02***					−1.198	−18.96***		−0.970	−14.88***	
16 歳未満扶養者数	−0.588	−63.67***		−0.525	−49.33***					−0.499	−16.40***	
16 歳以上 19 歳未満扶養者数	−0.752	−46.72***		−0.864	−46.22***					−0.626	−16.45***	
19 歳以上 23 歳未満扶養者数	−0.508	−25.80***		−0.574	−25.00***					−0.425	−8.67***	
70 歳以上扶養者数	−1.021	−45.64***		−1.241	−46.54***		−1.171	−17.04***				
cons	0.596	30.62***		0.010	0.48***		−0.002	−0.04		0.085	1.49	
AdjR-squared	0.887			0.857			0.836			0.839		
F 検定	$F(8,27126)=30,502.73$***			$F(5,25366)=30,487.48$***			$F(4,17414)=22,118.58$***			$F(6,2938)=26,849.83$***		

備考）***、**と*は有意水準 1 ％、5 ％と 10 ％を示す。
出所）筆者作成。

注

1) 2013 年の総務省『家計調査報告』によれば、「二人以上世帯のうち勤労者世帯」の「年間収入」は、30 歳未満で 459 万円、30 歳代で 589 万円、40 歳代で 633 万円である。
2) 税制と社会保険制度の制度改正については財政総合政策研究所『財政金融統計：租税特集』を参考にした。所得課税の定率減税についても考慮している。
3) 本章のモデルを用いて公的年金控除について分析したものに上村(2015b)がある。
4) 本章の実際の分析では所得階級 5 分位と世代（世帯主の年齢）に分解する。
5) 総務省(2004)『全国消費実態調査』の匿名データには、「単身世帯」と「二人以上の世帯」の 2 種類があるが、本章では「二人以上の世帯」を使用する。なお、本章の

分析で用いているデータセットは、統計法に基づいて、独立行政法人統計センターから匿名データの提供を受け、独自に作成・処理したものである。
6）過去および将来の名目賃金上昇率のデータは、2009 年の厚生労働省「財政検証関連資料」および 2012 年の「第 5 回 社会保障審議会年金部会年金財政における経済前提と積立金運用のあり方に関する専門委員会 資料 3-3」より取得した。
7）厚生労働省(2004)『簡易生命表の概況 表 2 平均寿命の年次推移』によれば、男性の平均寿命は 78.64 歳、女性の平均寿命は 85.59 歳である。
8）所得税および住民税は、1958 年以降の制度を、財務省『財政金融統計月報：租税特集』、大蔵省財政史室(1977, 1990)を参考にして組み込んでいる。定率減税についても考慮しており、住民税については標準税率を採用し、前年所得に対して課税している。
9）厚生労働省(2004)『人口動態統計』によれば、男性の平均結婚年齢は 29.6 歳、女性の平均結婚年齢は 27.8 歳である。また、厚生労働省(2010)『出生に関する統計』の「妻の平均初婚年齢・母の出生時平均年齢・出生までの平均期間：昭和 50〜平成 21 年」で母の出生時平均年齢が第 1 子では 28.9 歳、第 2 子では 30.9 歳である。
10）社会保険料の簡易計算方法は財務総合政策研究所『財政金融統計月報：租税特集』を参照。
11）国民年金保険料月額の推移は 1961 年 4 月以降から改正され、2017 年 4 月以降は固定となっている。なお 1961 年 4 月から 1970 年 6 月までは 35 歳未満と 35 歳以上で保険料月額の値が異なるため、本章でも同様にする。
12）第 1 章においても、社会保険料控除の負の所得再分配効果を存在を指摘した。第 1 章 28 頁を参照。
13）データは分析対象のみを抽出して推計を行う。たとえば配偶者控除の場合、配偶者控除対象者のみを抽出している。

第7章
社会保険料の徴収構造
国民健康保険料（税）の収納率の分析

1．はじめに

　家計や企業が租税と社会保険料を負担することで、政府の行政サービスが提供されている。家計や企業の状態に応じて税と社会保険料の負担が課され、徴収がなされているが、すべての家計や企業が税と社会保険料を負担できているわけではない。租税や社会保険料においては徴収率もしくは収納率が十分に高いことは、行政サービスをまかなううえで、政府にとって重要な意義をもっている。

　租税や社会保険料の徴収が確実に行わなければ、必要な財源の確保が望めない。徴収に欠陥があれば、政府の行政サービスの提供もままならなくなる。また、徴収率や収納率が低いならば、水平的な公平性を保つことが難しい。たとえば、同じ金額の収入を得ている2人がいて、1人からは社会保険料を徴収できたのに、もう1人からは徴収できないならば、これは公平とは言えない。高い徴収率もしくは収納率を維持しておくことは、税制もしくは社会保険制度の水平的公平として不可欠である。

　ところが、一部の租税と社会保険料に関しては、徴収率または収納率が低迷している実態がある。特に本章で取り上げるのは、国民健康保険制度における保険料（税）収納率である。国民健康保険制度の保険料収納率は、際だって悪いことが知られている。

　所得に対する社会保険料の負担率が高いことや、低所得者が相対的に多く加入していることもあり、国民健康保険料の収納率は低迷している。さらに、

国民健康保険料の徴収にも原因がある。徴収には2つの方法がある。第1は、給与もしくは年金からの天引きとなる特別徴収であり、第2は納付書による納付または口座振替の普通徴収である。国民健康保険制度の被保険者の大半が普通徴収の方法をとっている[1]。

　主に市町村を保険者とする国民健康保険財政が深刻化している。2010年度の国民健康保険財政における保険給付費は、対前年度比で1.1％に増加（過去3年平均で0.3％増加）した[2]。一方で、2010年度の国民健康保険財政における保険料収入は対前年度比で2.1％に減少（過去3年平均で0.6％減少）した。財源不足の保険者は、市町村の一般会計からの法定外繰入や前年度繰上充用金を用いざるを得なくなっている[3]。

　国民健康保険財政の収入減少の要因として、保険料の収納率の低迷があげられる。図7.1は現年分収納率（平均）の推移を示している[4]。現年分収納率は1960年代に95％前後を推移していたのが、1970年代半ばから徐々に低下して近年では9割を下回っている。2010年度の保険料収入の現年分調定額は41,097億円であったが、保険料収納率が低いことから現年分収納額は27,434億円に留まり、巨額の未収を抱えていることがわかる。また、滞納繰越分収納率に至っては、保険料収納率が2割を切るという低い状況にある。

　ただし、これらの収納率を平均でとらえることは十分でない。表7.1にある現年分収納率と滞納繰越分収納率の平均、標準偏差、最小値と最大値によれば、保険者によって収納率にはばらつきがある。図7.2には2010年の現年分収納率の分布を示したが、収納率の状況は保険者によって大きく異なる。保険者が抱える被保険者や地域の特性に加えて、行政サイドの徴収業務のパフォーマンスが、結果的に収納率のばらつきに集約されていると考えられる。

　本章では、国民健康保険制度の保険料収納率が、どのような要因から決定されているかについて、データを用いた分析を行う。その際、徴収業務のパフォーマンスにつながる財政調整制度と保険料額を規定する保険料賦課方式の違いが、重要な役割を演じていると考えられるため、分析を2つに分ける。

第 7 章 社会保険料の徴収構造 171

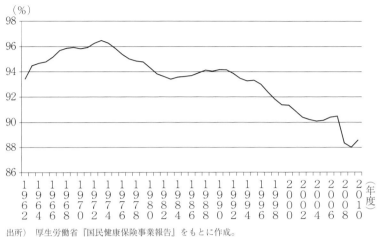

出所) 厚生労働省『国民健康保険事業報告』をもとに作成。

図 7.1 現年分収納率（平均）の推移

表 7.1 現年分収納率と滞納繰越分収納率

現年分収納率					
年度	平均(%)	標準偏差	最低(%)		最高(%)
2008	92.12	0.04	75.29	千葉県八街市	100.00
2009	91.91	0.04	76.33	千葉県八街市	100.00
2010	92.37	0.04	76.64	千葉県八街市	100.00
滞納繰越分収納率					
年度	平均(%)	標準偏差	最低(%)		最高(%)
2008	17.22	0.10	0.69	長野県大鹿村	100.00
2009	16.77	0.08	0.00	長野県大鹿村 東京都御蔵島村	100.00
2010	17.25	0.08	1.17	長野県大鹿村	100.00

出所) 厚生労働省『国民健康保険事業報告』をもとに作成。

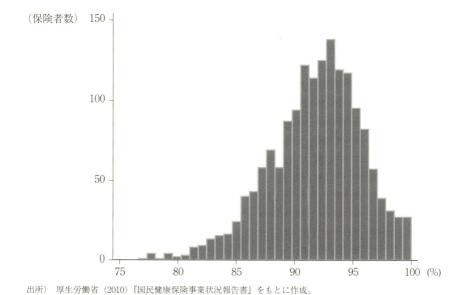

図7.2 現年度分収納率の分布 (2010年度)

出所) 厚生労働省 (2010)『国民健康保険事業状況報告書』をもとに作成。

最初に財政調整と保険料収納率、そして保険料賦課方式と保険料収納率を取り巻く概要を述べたのち、分析方法、分析結果そして、最後にむすびとして分析結果の要点を整理する。

2. 財政調整と保険料賦課方式

収納率の向上に向けて、それぞれの保険者は、国民健康保険料の収納対策費を投入している。国、都道府県、市町村のレベルにおいて財政調整をはかることで、保険料収納を効果的に促す試みも実施されている。収納率に関わる財政調整制度には、以下の3つがある。

第1に、国庫支出金の普通調整交付金がある。国民健康保険制度には多様な国庫支出金が投入されているが、そのなかでも普通調整交付金が収納率に

関係している。普通調整交付金は、市町村間の財政力の不均衡、具体的には医療費と所得水準を調整するために国から交付されている。普通調整交付金は、前年度の収納率が低ければペナルティとして減額される。そのため、普通調整交付金は、保険者に対して収納率の維持を求める機能をもつと考えられる。

第2に、都道府県支出金の都道府県調整交付金がある。都道府県調整交付金は普通調整交付金と特別調整交付金に分かれているが、特別調整交付金が収納率に関係している。特別調整交付金は、前年度の収納率が高ければ多く交付される。そのため、特別調整交付金は、保険者へのインセンティブとして収納率の向上を求める機能をもつと考えられる。

第3に、市町村の一般会計から保険基盤安定（保険税軽減分）の繰入金がある。保険基盤安定繰入金は、低所得の被保険者の保険料軽減分を公費で補填している5)。保険料の軽減により被保険者の保険料納付が促され、結果的に収納率に影響をもつと考えられる。

以上のように国民健康保険制度には、3つの財政調整制度によって収納率の維持ないし向上が目指されている。本章の目的は、これらの財政調整制度が収納率に与える影響を保険者データによって検証することにある。

さらに、国民健康保険料の賦課方式には4つの方法がある。国民健康保険料の収納率は、これらの賦課方式によっても左右されると考えられる。そのために本章では、保険料の賦課方式による収納率へ影響についても検討する。

保険者は、賦課方式の組み合わせを選ぶことができる。具体的には、被保険者の能力に応じて負担を求める応能分としての所

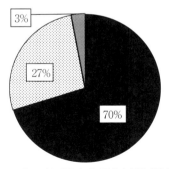

出所）厚生労働省『国民健康保険事業報告』をもとに作成。

図7.3 保険料賦課方式別の保険者の割合（2010年度）

表7.2　国民健康保険料率

			所得割			
年度	平均(%)	標準偏差	最低(%)		最高(%)	
2008	5.85	1.46	0.98	長野県富士見町	12.20	宮城県仙台市
2009	5.90	1.46	2.04	福島県檜枝岐村	12.20	神奈川県葉山町
2010	6.04	1.44	2.10	東京都三宅村	12.60	愛知県名古屋市
			均等割			
年度	平均(円)	標準偏差	最低(円)		最高(円)	
2008	19,248.28	4886.14	2,000	埼玉県新座市	42,000	北海道猿払村
2009	19,585.42	4971.63	2,000	埼玉県新座市	42,000	北海道猿払村
2010	20,109.26	4961.66	2,000	埼玉県新座市	42,000	北海道猿払村
			資産割			
年度	平均(%)	標準偏差	最低(%)		最高(%)	
2008	27.98	11.87	2.00	山形県天童市	100.00	奈良県野迫川村
2009	27.72	11.69	2.00	山形県天童市	100.00	奈良県野迫川村
2010	27.44	11.59	3.40	秋田県湯沢市	100.00	奈良県野迫川村
			平等割			
年度	平均(円)	標準偏差	最低(円)		最高(円)	
2008	20,808.56	5,784.51	1,200	東京都福生市	60,500	秋田県大潟村
2009	20,991.03	5,722.61	1,200	東京都福生市	60,500	秋田県大潟村
2010	21,271.90	5,670.04	1,200	東京都福生市	60,500	秋田県大潟村

出所）　厚生労働省『国民健康保険事業報告』をもとに作成。

得割と資産割、加入者個人及び加入世帯が平等に負担する応益分としての均等割と平等割に分かれる[6]。

　図7.3は保険料賦課方式別の保険者の割合を示している。所得割、資産割、平等割、均等割のすべてを用いた4方式を採用している保険者が7割あり、3方式は3割弱、2方式は数パーセントとなっている。

　保険料率の水準も保険者間で大きく異なる。表7.2には保険料の平均、標準偏差、そして最低値と最高値を示している。2010年度の所得割の保険料率は東京都三宅村が最低の2.10％であり、愛知県名古屋市が最高の12.60％

である。保険料率の格差は実に6倍である。同様に、資産割、平等割、均等割についても、保険者間で大きな格差がある。

なお、都道府県は、国民健康保険広域化等支援方針を策定し、広域化をはかることで、国民健康保険財政の安定化を目指している。そこでは都道府県単位の共同事業の実施など、広域化の対象事業の拡大がなされようとしている。このとき、共同事業の実施に障害となるのが、保険者ごとに異なる賦課方式や保険料である。

広域化等支援方針には、将来的に所得割と均等割の2方式への統一が掲げられている。保険料の賦課方式を所得割と均等割に集約してゆくとき、収納率にはどのような影響がもたらされるのだろうか。このことを検討するためにも、賦課方式の違いが収納率に与える影響を実証的に検討することは重要である。

3．保険料の収納をめぐる先行研究

国民健康保険料の収納や未納に関する先行研究は乏しい[7]。本節では、国民健康保険料を含む社会保険料における収納および未納に関する先行研究について述べ、それらの分析上のアプローチの違いに着目する。まず、国民年金保険料の納付行動について、小椋・千葉(1991)が全国レベルの集計データを、駒村(2001)が都道府県別の集計データ、丸山・駒村(2005)が市町村別の集計データを用いて分析している。

小椋・千葉(1991)は1972年から1988年の国民年金保険料の非納付率と非加入率を用いて、未納の要因分析を実施している。駒村(2001)は、1991年から1998年の都道府県別のパネルデータを使用し、国民年金保険料の未納の要因分析を行っており、消費額、有効求人率、大学進学率が関係していることを示している。丸山・駒村(2005)は1994年から2002年までの都道府県別市区町村別のパネルデータを用いて、非正規労働と失業が国民年金保険料の納付率を下げることを明らかにした。特に駒村(2001)と丸山・駒村(2005)

は、地方自治体のデータを用いるところに特徴がある。

このアプローチを採り、本章と同じく国民健康保険料の未納を分析対象としている先行研究に泉田(2003)がある。泉田(2003)は1995年から1998年の厚生労働省『市町村国民健康保険』データで、収納率が国民健康保険制度の事務事業費(総務費)に影響を与えていることを明らかにしている[8]。一方、四方・田中・大津(2012)は、国民健康保険料の収納率が低い自治体にヒアリングを実施し、収納の決定要因について因子分析で明らかにしている。

なかでも収納と財政調整との関係を検証した先行研究には、田近・油井(1999)、鈴木(2001)がある。これらの研究は、国民健康保険制度の財源には保険料収入に加え、様々な補助金の投入や一般会計からの繰入れがなされており、ソフトな予算制約があることを検証している。

だが、国民健康保険制度には、国の普通調整交付金、都道府県の特別調整交付金そして市町村の保険基盤安定繰入金などの財政調整がある。この調整交付金は保険料の収納を促すのにペナルティを課したり、インセンティブを与えたりと、収納率の向上を目指している。

したがって本章の第1の問題意識は、それぞれの財政調整と収納率の関係に注目し、どのような方法が収納率の向上に繋がるかを検証する。また、収納対策に関する経費、徴収方法や徴収状況といった保険者側がもつ収納率の決定要因を分析している点に特色がある。

地方自治体のデータを用いるアプローチとは別に、社会保険料を納付する家計の個票データに着目するアプローチもある。国民年金保険料に関して、鈴木・周(2001)は郵政研究所『家計における金融資産選択に関する調査』データで未加入者の要因分析を行っており、阿部(2001)は厚生労働省『平成8年 所得再分配調査 個人票』で、未加入者と未納者の行動が構造的に異なることを示している。

駒村・山田(2007)は、「就業形態の多様化に対応する年金制度に関する研究プロジェクト」で実施された「年金等に関する意識調査」を用い、四方・村上・駒村・稲垣(2010)は、関西大学ソシオネットワーク戦略研究機構「公

的年金に関する意識調査」を使用して、国民年金保険料に関する意識調査を行っている。先行研究では、国民健康保険料に加え、社会保険料についても分析をしており、個々の未加入者や未納者が保険料に対し、どのような意識をもち、および行動をとるかに着目し、検証を行っている。

先行研究では、保険料に対する収納行動を検証しているが、保険料の収納額そのものに着目している研究はない。国民健康保険料の水準はそれぞれの保険者によって異なっている。しかも保険料の算出には所得割、資産割、平等割そして均等割の様々な組み合わせによる賦課方式がとられている。

そこで本章の第2の問題意識は、それぞれの保険者が賦課方式に則って決定している国民健康保険料が、収納率に与える効果を実証分析によって示すことにある。このような問題意識をもつ先行研究は存在せず、本章が初めての試みとなる[9]。

以上を踏まえて本章では、国民健康保険料の収納に着目した実証分析を展開する。国民健康保険制度が主に市町村を中心とした保険者によって運営される制度であるから、保険者に区分されたデータを用いる。具体的には国民健康保険制度に関して、被保険者の状況をコントロールしたうえで、第1に財政調整制度が収納率に、第2に保険賦課方式が収納率に与える影響を考察する。

本章の実証分析は、2つのパートに分かれる。まずは、保険料収納率と財政調整の分析で、続いて、保険料賦課方式と保険料収納率の分析である。次節以降、それぞれの分析が展開される。

ここでは、厚生労働省『国民健康保険事業状況報告書（事業年報）』を主なデータとして用いる[10]。分析期間は2008年度から2010年度である[11]。ただし、市町村合併の進展、一部事務組合や広域連合の形成により、各年度の保険者の総数は異なる。そこで、現実の市町村合併、一部事務組合や広域連合の形成を反映し、分析期間の最終年度である2010年度の保険者の総数に合うように、2008年度と2009年度の保険者数を調整し、3年間のBalanced Panel Dataを作成した[12]。

以上のデータを用い、下記の変数を作成した。なお、「　」は『国民健康保険事業状況報告書（事業年報）』のデータ名項目を示している。

4．財政調整および保険料賦課方式と保険料収納率の分析

第1に被説明変数は現年分収納率である。国民健康保険料の収納額には、「現年分収納額」と「滞納繰越分収納額」の2種類がある。「滞納繰越分収納額」には、過去の国民健康保険料の収納額が含まれている。滞納繰越分は、どの時点の収納額なのかが明確でないために、本章では滞納繰越分収納率を被説明変数として採用しない。現年分収納率は「現年分収納額」を「現年分調停額」から「現年分居所不明者分調定額」を控除したデータで除算して得る[13]。

・被説明変数

現年分収納率 ＝「現年分収納額」／（「現年分調定額」
　　　　　　　　　　　　　　　　　　　　　　　　　　　　　　　　　　　　　－「現年分居所不明者分調定額」）　　　　(1)

第2は（財政要因）の説明変数である。保険者は、「総務費」から収納対策費を支出している。そこで、「総務費」を「被保険者数」で除算した被保険者あたり総務費を説明変数とする[14]。収納対策費は現年分収納率を増やす効果をもつと考えられるから、期待される係数はプラスである。

また、「国庫支出金（普通調整交付金）」による説明変数を採用する。国庫支出金（普通調整交付金）は、市町村間の財政力の不均衡を調整するために国から交付されている。普通調整交付金は、前年度の収納率が低ければ減額されるという性質をもつ交付金である[15]。したがって、普通調整交付金は現年分収納率を維持することを求める働きをもつ。

続いて、「都道府県支出金（特別調整交付金）」による説明変数も採用する。都道府県支出金（特別調整交付金）は、前年度の国民健康保険料の収納率が

高ければ今年度に交付を受けられるという性質をもつ交付金である。特別調整交付金は現年分収納率を高めるインセンティブをもつと考えられることから、期待される係数はプラスである。

さらに、「保険基盤安定（保険税軽減分）」を考慮する。この繰入金は、一般会計から支出されている[16]。主に低所得の被保険者の保険料が部分的に軽減されることで現年分収納率が高まると考えられるから、期待される係数はプラスである。

・説明変数（財政要因）

$$\text{被保険者あたり総務費} = \text{「総務費」／「被保険者数」} \quad (2)$$

$$\text{被保険者あたり国庫支出金（普通調整交付金）}$$
$$= \text{「国庫支出金（普通調整交付金）」／「被保険者数」} \quad (3)$$

$$\text{被保険者あたり都道府県支出金（特別調整交付金）}$$
$$= \text{「都道府県支出金（特別調整交付金）」／「被保険者数」} \quad (4)$$

$$\text{被保険者あたり保険基盤安定（保険税軽減分）}$$
$$= \text{「保険基盤安定（保険税軽減分）」／「被保険者数」} \quad (5)$$

第3は（保険料要因）の説明変数である[17]。まず、保険税ダミーを考慮する。保険者は、国民健康保険料の方式として、保険料方式か保険税方式のどちらかを選ぶことができる。保険料は国民健康保険法により、消滅時効時間は2年間である。保険税は地方税法により、消滅時効時間は5年間である。消滅時効時間が過ぎれば、保険者は滞納保険料を徴収する権利を失う。消滅時効時間の長い保険税の方が時効にかかりにくい。

また、滞納された保険料に対しては、差し押さえなどの滞納処分が行われることがある。その滞納処分の優先順位が、保険料と保険税では異なる。保

険料は住民税の次となるが、保険税は住民税と同じ順位である。保険料よりも保険税の方が、消滅時効時間が長く、滞納処分の優先順位も高い。これらの法律上の取り扱いの差が、現年分収納率に影響を与える可能性がある。

保険税ダミーは保険税を採用している保険者を1、保険料を採用している保険者を0とするダミー変数である。税と保険料の消滅時効が異なることによって、徴収のインセンティブが変わる可能性がある。つまり、時効にかかるまでの期間が、2年間である保険料と比べ、税は5年間と長いため、滞納繰越分の残高が3年分増加する。法律上の取り扱いの差より、保険税の方が保険料よりも現年分収納率を高めると考えられるから、期待される係数はプラスである。

・説明変数（保険料要因）

　　保険税ダミー：保険税ならば1、保険料ならば0のダミー変数　(6)

第4は（滞納繰越要因）の説明変数である。国民健康保険料が未収になれば、滞納繰越となる。滞納繰越についても、収納が必要であり、その徴収努力が現年分収納率に影響を与えると考えられる。つまり、過年度の滞納繰越分収納率が低い保険者は、保険料の徴収努力を怠っており、現年度の収納率までも低下する可能性がある。逆に、過年度の滞納繰越分収納率が高い保険者は、保険料の徴収に努めており、現年度の収納率も上昇する。

なお、現年分の収納率に対し滞納繰越分収納率は過年度であり、時間のラグが存在すると考えられるため、同時性バイアスは生じない。そこで、滞納繰越分収納率を説明変数とする。滞納繰越分収納率の上昇は、被保険者の納付意欲にプラスの影響を与えると考えられる。そのため、滞納繰越分収納率に期待される係数はプラスである。

さらに、「滞納繰越分不納欠損額」に関する説明変数として滞納繰越分不納欠損率も作成する。滞納処分ができなかった未収額は、保険者の判断で不納欠損額として処理されることがある。「滞納繰越分不納欠損額」も保険者

の徴収努力に関わる。

　滞納処分に積極的な保険者は、収納率の向上にも力を入れている可能性がある。この場合は滞納繰越分不納欠損率の係数はプラスになる。逆に、「滞納繰越分不納欠損額」の増加が、被保険者の納付意欲にマイナスの影響をもたらす可能性もある。この場合は滞納繰越分不納欠損率に期待される係数はマイナスである。したがって、滞納繰越不納欠損率の係数は先験的には分からない。

・説明変数（滞納繰越要因）

滞納繰越分収納率 ＝「滞納繰越分収納額」／（「滞納繰越分調停額」－「滞納繰越分居所不明者分調定額」）　　　　　(7)

滞納繰越分不納欠損率 ＝「滞納繰越分不納欠損額」／（「滞納繰越分調定額」－「滞納繰越分居所不明者分調定額」）　　　　　(8)

　第5は（環境要因）の説明変数である。まず、現年分収納率は、被保険者の所得に影響を受けると考え、被保険者あたり所得を説明変数として作成した[18]。また現年分収納率は、保険者の人口構成と面積にも依存すると考え、前期高齢者率と可住地面積あたり被保険者数を説明変数として作成した。

　具体的には、『国民健康保険事業状況報告（事業年報）』から前期高齢者率を算出し、財務状況と高齢化を表現する変数とする[19]。面積については、総務省『市町村別決算状況調』より、市町村別の「可住地面積」を抽出した。先と同じく、市町村合併の進展などにより、市町村数と保険者数は一致しないため、パネルデータの保険者の総数に一致するように集計した。

・説明変数（環境要因）

被保険者あたり所得＝「所得割保険料算定額内訳」の「所得割」
　　　　　　　　／「被保険者数」　　　　　　　　　　　　(9)

前期高齢者率＝「前期高齢者　総数」／「被保険者数」　(10)

可住地面積あたり被保険者数＝「被保険者数」／「可住地面積」(11)

　さらに、(保険賦課方式要因)の説明変数である所得割、資産割、平等割、均等割の保険料を説明変数として採用する。所得割は前年度の所得に応じて課される。資産割は被保険者の固定資産に課される。平等割は被保険者の世帯ごとに一律に課される。均等割は被保険者個人に課される。

　一般的に、保険料が高くなれば、現年分収納率が下がると考えられるから、期待される係数はマイナスである。しかし、資産を保有する被保険者は相対的に裕福だと考えられることから、資産割についてはプラスの係数が考えられる。さらに、保険料の徴収回数を説明変数とする。徴収回数が多いほど、現年分収納率が高くなると考えられることから、期待される係数はプラスである。

・説明変数（保険賦課方式要因）

所得割＝「所得割」の保険料率　　　　(12)

資産割＝「資産割」の保険料率　　　　(13)

平等割＝「平等割」の保険料　　　　　(14)

均等割＝「均等割」の保険料　　　　　(15)

$$\text{徴収回数} = \text{「徴収回数」} \tag{16}$$

以上より、(財政要因)(保険料要因)(滞納繰越要因)そして(環境要因)の説明変数を用いて、被説明変数を推計する。まず、推計モデル(17)を以下の対数線形関数で決定されるものと仮定する[20]。ここでμは誤差項である。

$$ln\,(y_{it}) = a_0 + a_1 ln(Z_{it}) + a_2 DUM_{it} + a_3 ln(H_{it}) + a_4 ln(M_{it}) + a_5 ln(E_{it}) + \mu_{it} \tag{17}$$

左辺の被説明変数y_{it}は現年分収納率である。右辺の説明変数には、Z_{it}が(財政要因)を示し、被保険者あたり総務費、被保険者あたり国庫支出金(普通調整交付金)、被保険者あたり都道府県支出金(特別調整交付金)、被保険者あたり保険基盤安定(保険税軽減分)を用いる。(保険料要因)については、DUM_{it}が保険税ダミー、H_{it}が所得割である。(滞納繰越要因)M_{it}は滞納繰越分収納率と滞納繰越分不納欠損率を使用している。(環境要因)E_{it}は被保険者あたり所得、前期高齢者率、可住地面積あたり被保険者数を用いる。添え字iは保険者で、tは各年度を示している。

さらに、保険料賦課方式の分析を実施するため、推計モデル(18)を作成する。

$$\begin{aligned}ln\,(y_{it}) = &\, a_0 + a_1 ln(Z_{it}) + a_2 DUM_{it} + a_3 ln(H_{it}) + a_4 ln(M_{it}) + a_5 ln(E_{it}) \\ &+ a_5 ln(W_{it}) + \mu_{it}\end{aligned} \tag{18}$$

すなわち、上記の右辺の説明変数に(保険賦課方式要因)である徴収回数、所得割、資産割、平等割、均等割を加えW_{it}とする。なお、変数の記述統計を表7.3に示す。

表7.3 記述統計

	平均値	標準偏差	最小値	最大値
現年分収納率（％）	91.574	4.018	75.290	100.000
被保険者あたり総務費（円／人）	6,932.674	6,240.145	41.689	98,470.930
被保険者あたり国庫支出金(普通調整交付金)(円／人)	15,493.650	9,319.048	0.000	68,482.920
被保険者あたり都道府県支出金(特別調整交付金)(円／人)	3,511.125	5,523.787	27.339	96,631.070
被保険者あたり保険基盤安定（保険税軽減分）(円／人)	8,715.828	3,035.611	710.870	21,605.590
保険税ダミー	0.890	0.313	0.000	1.000
滞納繰越分収納率（％）	16.504	8.331	0.000	100.000
滞納繰越分不納欠損率（％）	8.452	7.726	0.000	71.223
被保険者あたり所得（円／人）	560.137	191.742	137.913	3,476.295
前期高齢者率（％）	32.426	6.218	7.955	56.088
可住地面積あたり被保険者数（人／Km^2）	346.819	532.824	3.873	4,295.490
所得割（％）	6.274	1.586	0.980	12.800
資産割（％）	20.233	15.856	0.000	100.000
平等割（円）	20,938.690	6,214.446	0.000	60,500.000
均等割（円）	20,263.350	5,107.440	0.000	42,000.000
徴収回数（回／年間）	8.473	1.806	0.000	12.000

出所）厚生労働省『国民健康保険事業報告』をもとに作成。

5．推計結果

5.1 財政調整と保険料収納率の推計結果

推計モデル(17)式による推計結果は表7.4に示している。本章のすべての推計結果において、Hauman検定が1％水準で棄却されたため、Fixed Effects固定効果モデルを採用している。また、推計結果の全体の傾向として、年度ダミーがマイナスで有意な結果となっていることから、現年分収納率が減少傾向にあることがわかる。

以下、Modelごとに詳細に検討しよう。Model 1とModel 2では、全保険者を対象に現年分収納率に与える要因について分析を行った。Model 1

では、(財政要因) (保険料要因) (滞納繰越要因) といった保険者に関する要因のみを説明変数に用いている。

Model 2 では、被保険者に関する (環境要因) でコントロールしたうえで、(財政要因) (保険料要因) そして (滞納繰越要因) といった保険者に関する要因が現納分収納率に与える影響を検証している。

(財政要因) に関して、被保険者あたり総務費には収納対策費が含まれているが、推計結果では収納率に与える影響は見られなかった。また、被保険者あたり保険基盤安定 (保険税軽減分) も、収納率への効果を見いだせなかった。ただし、被保険者あたり都道府県支出金 (特別調整交付金) は現年分収納率に対してプラスに有意に働く。特別調整交付金は、収納率を向上させる財政調整機能を発揮していることが伺える。また、Model 2 については、被保険者あたり国庫支出金 (普通調整交付金) が弱いながらもマイナスに有意となった。

(保険料要因) に関しては、保険税ダミーは有意とならなかった。保険料と保険税には消滅時効時間に法律上の差があるものの、保険者の運営では現年分収納率に対する影響に顕著な差がないと考えられる。または、保険税を採用している保険者が少なく、収納率に対する影響への有意な差を検出することができなかった可能性もある。保険料の料率 (税率) を用いた所得割は、現年分収納率に対して有意にマイナスとなった。そのため、保険料率 (税率) の引き上げは、収納率の低下を招く恐れがあることが示された。

(滞納繰越要因) については、滞納繰越分収納率はプラスで有意となったが、滞納繰越分不納欠損率は有意な結果とならなかった。滞納繰越分収納率の上昇は保険者による徴収努力の反映であり、被保険者の納付意識を高めている可能性がある。ただし、滞納繰越分不納欠損率が有意でないことは、保険者による不納欠損処理は、収納率には影響を与えないという結果を示している。

Model 2 では、Model 1 の説明変数に加えて、被保険者あたり所得、前期高齢者率そして可住地面積あたり被保険者数といった (環境要因) をコン

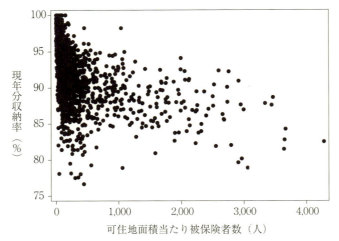

出所) 厚生労働省(2010)『国民健康保険事業状況報告書』をもとに作成。

図7.4 現年度分収納率と可住地面積あたり被保険者数（2010年度）

トロールしている。この場合でも、Model 1 と同様の結果が得られた。被保険者の状況を示す（環境要因）を考慮しても、推計結果に大きな変化が見られないことは、現年分収納率は被保険者よりむしろ保険者側の要因によって左右されていると考えられる。

さて、現年分収納率には地域性があることが知られている[21]。図7.4で収納率と可住地面積あたり被保険者数の関係をみると、可住地面積あたり被保険者数が多い保険者ほど、収納率が低い傾向がある。

すなわち被保険者の集積の程度が、収納率に影響を与えている可能性がある。そこで、可住地面積あたり被保険者数に関して4分位法を用い、データを区分して推計を行った。ここでは、第1四分位を〈低集積保険者〉とし、第4四分位を〈高集積保険者〉とした。これらの結果も表7.4に示されている。Model 3 は〈高集積保険者〉、Model 4 は〈低集積保険者〉の推計結果である。全保険者の推計結果と比べて、異なる結果についてのみ、下記にまとめる。

表 7.4 財政調整と保険料収納率の推計結果

現年分収納率	Model 1 全保険者		Model 2 全保険者		Model 3 高集積保険者		Model 4 低集積保険者	
	coefficient	t 値	coefficient	t 値	coefficient	t 値	coefficient	t 値
被保険者あたり総務費	0.0004	0.35	0.0004	0.40	0.0028	1.12	0.0017	0.75
被保険者あたり国庫支出金(普通調整交付金)	−0.0006	−1.42	−0.0008	−1.84[*]	−0.0007	−1.09	0.0017	1.63
被保険者あたり都道府県支出金(特別調整交付金)	0.0011	3.41[***]	0.0011	3.31[***]	0.0000	0.00	0.0012	2.23[**]
被保険者あたり保険基盤安定(保険税軽減分)	−0.0012	−0.64	−0.0025	−1.34	−0.0036	−1.09	0.0056	1.09
保険税ダミー	0.0025	0.52	0.0024	0.51	0.0066	0.97	−0.0002	−0.02
滞納繰越分収納率	0.0066	6.09[***]	0.0069	6.29[***]	0.0094	3.43[***]	0.0078	4.20[***]
滞納繰越分不納欠損率	0.0004	1.25	0.0004	1.12	0.0027	2.69[***]	0.0001	0.20
所得割	−0.0175	−6.76[***]	−0.0175	−6.75[***]	−0.0272	−4.16[***]	−0.0233	−4.22[***]
被保険者あたり所得			−0.0025	−0.93	−0.0058	−0.91	0.0125	2.34[**]
前期高齢者率			0.0293	4.09[***]	0.0138	1.38	0.0330	1.63
可住地面積あたり被保険者数			−0.0118	−1.05	−0.0217	−0.78	−0.0230	−0.92
2008年度ダミー	−0.0037	−7.82[***]	−0.0030	−4.77[***]	−0.0043	−3.43[***]	−0.0042	−2.42[**]
2009年度ダミー	−0.0065	−15.09[***]	−0.0066	−12.99[***]	−0.0090	−9.05[***]	−0.0048	−3.91[***]
定数項	−0.0407	−2.11[**]	0.0847	1.24	0.1646	0.80	−0.0511	−0.43
修正 R 2 乗	0.1191		0.4236		0.1483		0.3567	
F 検定	F(1528,2366)=51.180[***]		F(1527,2361)=34.600[***]		F(388,596)=48.820[***]		F(359,451)=18.740[***]	
Hausman 検定	chi2(10)=333.060[***]		chi2(13)=99.120[***]		chi2(15)=50.050[***]		chi2(13)=36.550[***]	
観察数	3,905		3,902		998		868	

備考 1) *,**,***はそれぞれ有意水準 1％, 5％, 10％で帰無仮説を棄却し,統計的に有意であることを示す.
2) パネル分析では,Hausman Test を踏まえて Fixed Effects モデルを採用している.
出所) 筆者作成.

（財政要因）については、被保険者あたり都道府県支出金（特別調整交付金）が〈高集積保険者〉では有意に働かなかったが、〈低集積保険者〉ではプラスに有意な結果となった。したがって、都道府県支出金（特別調整交付金）による財政調整は、被保険者の集積が低い保険者に対して、現年分収納率を向上させる機能をもっているといえる。（滞納繰越要因）については、滞納繰越分不納欠損率が〈高集積保険者〉ではプラスに有意となった。〈高集積保険者〉は滞納処分に積極的であり、それが収納率の向上をもたらしている可能性を示唆している。

以上をまとめれば、（財政要因）（保険料要因）（滞納繰越要因）は現年分未収納率に影響を与えるが、その要因は被保険者の集積によって異なる結果が得られた。したがって、国民健康保険料の収納対策には、被保険者数の集積を考慮して、徴収業務や、滞納繰越分や不納欠損への対応を採ることで、収納率を向上してゆくことが重要である。

5.2 保険料賦課方式と保険料収納率の推計結果

続いて、推計式(18)式による保険料賦課方式による推計結果を表7.5に示している。Model 5は、保険料賦課方式で（所得割、資産割、平等割、均等割）のすべてを用いた4方式の結果である。Model 6からModel11では、所得割を基本として、保険料の組み合わせを変えて推計を行った。Model 6は（所得割、資産割、均等割）の3方式A、Model 7は（所得割、平等割、均等割）の3方式B、Model 8は（所得割、資産割）の2方式A、Model 9は（所得割、平等割）の2方式B、Model10は（所得割、均等割）の2方式C、Model11は（所得割）のみの1方式の結果である。

これらすべてのModelで、（財政要因）（滞納繰越要因）といった保険者に関する要因と、被保険者の（環境要因）をコントロールしたうえで、（保険料要因）の効果を検証した。

第1に保険税ダミーは有意とならなかった。保険料と保険税には消滅時効時間に法律上の差があるものの、保険者の運営では現年分収納率に対する影

響に顕著な差がないと考えられる。または、保険料方式を採用している保険者数が少なく、収納率に対する影響への有意な差を検出することができなかった可能性もある。

　第2に被保険者あたり総務費には収納対策費が含まれているが、推計結果では収納率に与える影響は認められなかった[22]）。

　第3に徴収回数については現年分収納率にプラスに影響を与えることが示された。表7.3の記述統計によれば、年間の徴収回数の平均は8.473回であるが、徴収回数を増やすことで、収納率を高められる。

　第4に所得割の保険料率は、現年分収納率に対して有意にマイナスとなった。そのため、所得割の保険料率の引き上げは、収納率の低下を招く恐れがあることが示された。

　第5に資産割の保険料率は、現年分収納率にプラスに有意となり、資産割の保険料率は、収納率の向上をうながしていると考えられる。資産割は、被保険者が保有している固定資産に応じて保険料の負担を求めており、相対的に裕福な被保険者が収納することで、収納率を高めている可能性がある。

　第6に世帯単位で定額の負担を課す平等割の保険料は有意な結果が得られなかったが、被保険者個人に対して負担を課す均等割の保険料は現年分収納率にマイナスに有意となった。均等割の保険料の引き上げは、収納率を低下させる可能性がある。平等割については、世帯人員が増えれば負担が軽減されることもあり、均等割に比べれば収納率への影響が小さいと考えられる。

　続いて、（保険料要因）以外のコントロール変数の推計結果について述べる。

　第1は（財政要因）である。被保険者あたり保険基盤安定（保険税軽減分）は、収納率への効果を見いだせなかった。低所得の被保険者に対する保険料の軽減がなされたとしても、収納率の向上が図られないことが示されている。

　ただし、被保険者あたり都道府県支出金（特別調整交付金）は現年分収納率に対してプラスに有意に働く。特別調整交付金は、収納率を向上させる財

表 7.5 保険料賦課方式と保険料収納率の推計結果

現年分収納率	Model 5 4方式		Model 6 3方式 A		Model 7 3方式 B	
	coefficient	t 値	coefficient	t 値	coefficient	t 値
徴収回数	0.0045	2.20**	0.0045	2.21**	0.0033	1.73*
所得割	−0.0152	−3.96***	−0.0148	−3.92***	−0.0142	−4.23***
資産割	0.0040	1.99**	0.0043	2.19**		
平等割	0.0023	0.54			0.0024	0.66
均等割	−0.0075	−1.60	−0.0067	−1.50	−0.0096	−2.29**
被保険者あたり総務費	0.0007	0.63	0.0007	0.65	0.0003	0.26
被保険者あたり国庫支出金 (普通調整交付金)	−0.0008	−1.66*	−0.0008	−1.66*	−0.0009	−1.88*
被保険者あたり都道府県支出金 (特別調整交付金)	0.0012	3.28***	0.0011	3.28***	0.0011	3.37***
被保険者あたり保険基盤安定 (保険税軽減分)	0.0014	0.56	0.0016	0.64	0.0004	0.16
保険税ダミー	0.0011	0.21	0.0011	0.22	0.0023	0.49
滞納繰越分収納率	0.0063	5.25***	0.0063	5.28***	0.0070	6.41***
滞納繰越分不納欠損率	0.0003	0.93	0.0003	0.92	0.0004	1.10
被保険者あたり所得	−0.0012	−0.40	−0.0011	−0.37	−0.0012	−0.44
前期高齢者率	0.0297	4.01***	0.0296	4.00***	0.0277	3.83***
可住地面積あたり被保険者数	−0.0100	−0.75	−0.0098	−0.74	−0.0105	−0.92
2008 年度ダミー	−0.0027	−3.47***	−0.0027	−3.47***	−0.0029	−4.58***
2009 年度ダミー	−0.0057	−9.52***	−0.0057	−9.51***	−0.0064	−12.46***
定数項	0.0562	0.69	0.0656	0.82	0.1010	1.37
修正 R 2 乗	0.4126		0.4137		0.4149	
F 検定	F(1124,1628)=32.840***		F(1124,1629)=32.890***		F(1508,2319)=34.480***	
Hausman 検定	chi2(17)=74.690***		chi2(16)=75.130***		chi2(16)=99.410***	
観察数	2,770		2,770		3,844	

第 7 章　社会保険料の徴収構造

現年分収納率	Model 8 2方式A		Model 9 2方式B		Model10 2方式C		Model11 1方式	
	coefficient	t値	coefficient	t値	coefficient	t値	coefficient	t値
徴収回数	0.0045	2.17**	0.0032	1.67*	0.0033	1.74*	0.0031	1.67*
所得割	−0.0181	−5.95***	−0.0178	−5.94***	−0.0132	−4.25***	−0.0176	−6.77***
資産割	0.0044	2.26**						
平等割			−0.0003	−0.08				
均等割					−0.0091	−2.52**		
被保険者あたり総務費	0.0007	0.64	0.0003	0.26	0.0004	0.42	0.0005	0.44
被保険者あたり国庫支出金(普通調整交付金)	−0.0008	−1.62	−0.0009	−1.83*	−0.0008	−1.83*	−0.0008	−1.79*
被保険者あたり都道府県支出金(特別調整交付金)	0.0011	3.21***	0.0011	3.28***	0.0011	3.39***	0.0011	3.32***
被保険者あたり保険基盤安定(保険税軽減分)	−0.0003	−0.14	−0.0020	−0.97	0.0004	0.17	−0.0025	−1.33
保険税ダミー	0.0010	0.20	0.0022	0.47	0.0024	0.50	0.0022	0.47
滞納繰越分収納率	0.0063	5.30***	0.0071	6.46***	0.0069	6.28***	0.0069	6.33***
滞納繰越分不納欠損率	0.0003	0.90	0.0003	1.07	0.0004	1.11	0.0004	1.11
被保険者あたり所得	−0.0020	−0.67	−0.0021	−0.76	−0.0015	−0.55	−0.0026	−0.93
前期高齢者率	0.0306	4.15***	0.0292	4.04***	0.0278	3.86***	0.0293	4.08***
可住地面積あたり被保険者数	−0.0099	−0.75	−0.0107	−0.94	−0.0104	−0.92	−0.0114	−1.01
2008年度ダミー	−0.0027	−3.54***	−0.0030	−4.66***	−0.0029	−4.52***	−0.0030	−4.70***
2009年度ダミー	−0.0058	−9.81***	−0.0066	−12.79***	−0.0064	−12.42***	−0.0066	−12.91***
定数項	0.0297	0.39	0.0695	0.96	0.1177	1.67*	0.0752	1.10
修正R2乗	0.4167		0.4200		0.4216		0.4252	
F検定	F(1124,1632)=32.890***		F(1509,2322)=34.420***		F(1526,2350)=34.650***		F(1527,2359)=34.610***	
Hausman検定	chi2(15)=73.070***		chi2(15)=94.460***		chi2(15)=100.850***		chi2(14)=96.850***	
観察数	2,772		3,847		3,892		3,901	

備考1）*，**，***はそれぞれ有意水準1％，5％，10％で帰無仮説を棄却し，統計的に有意であることを示す。
　　2）パネル分析では，Hausman Testを踏まえてFixed Effetsモデルを採用している。
出所）筆者作成。

政調整機能を発揮していることが伺える。また、被保険者あたり国庫支出金（普通調整交付金）が弱いながらもマイナスに有意となった。

第2は（滞納繰越要因）である。滞納繰越分収納率はプラスで有意となったが、滞納繰越分不納欠損率は有意な結果とならなかった。滞納繰越分収納率の上昇は保険者による徴収努力の反映である。ただし、滞納繰越分不納欠損率が有意でないことは、保険者による不納欠損処理が、収納率に影響を与えないという結果を示している。

第3は（環境要因）である。被保険者あたり所得と可住地面積あたり被保険者数が収納率を左右させる効果はみられなかったが、前期高齢者率は、有意に現年分収納率を向上させる結果が得られた。多くの前期高齢者は国民健康保険料を公的年金からの天引きで納付しているため、収納率にプラスの影響を与えている可能性がある。

以上をまとめれば、（財政要因）（滞納繰越要因）（環境要因）をコントロールしたうえで、（保険料要因）の影響を検証した場合、保険料賦課方式の内容と組み合わせによって、現年分収納率に与える影響に違いが見られた。保険料賦課方式が収納率に与える影響を考慮しつつ、収納率への効果的な対応を採ることで保険料を徴収してゆくことが重要である。

6．まとめ

本章では、財政調整と保険料収納率、さらには保険料賦課方式と保険料収納率に注目して分析を行った。分析結果をまとめると以下の通りである。

最初に、保険料の収納率の低下が国民健康保険財政の悪化の一要因であることに注目し、収納率に影響をもたらす要因として財政調整制度の効果を検証した。

その結果、特別調整交付金（都道府県）による財政調整は、現年分収納率を高める効果をもっているが、普通調整交付金（国）や保険基盤安定繰入金（市町村）については、現年分収納率を向上させるように働いていないこと

が示された。

　したがって、国民健康保険財政の持続可能性を高めるために収納率を向上させるには、普通調整交付金（国）のようにペナルティを科すのではなく、または保険基盤安定繰入金（市町村）のように補助を与えるのではなく、特別調整交付金（都道府県）のような形で収納率に対してインセンティブを与えることが必要である。

　このとき滞納繰越分収納率の上昇が、現年分収納率を高めていることから、滞納繰越分であっても、確実に収納してゆくことが、現年分収納率の向上にも資するといえる。

　なお、特別調整交付金は都道府県支出金の一部であり、保険者の収納率の向上には、都道府県単位の取り組みが不可欠であることが示唆される。現実的に国民健康保険制度は都道府県単位の広域化が検討されており、収納業務についても共同実施の取り組みや収納率目標の設定が図られている。これらのような収納業務における広域的な取り組みを進めることが、国民健康保険財政の持続可能性の向上にとって重要だといえる。

　つぎに、国民健康保険制度における保険料賦課方式の違いが収納率に与える影響について検証を行った。様々な財政要因、滞納繰越要因や環境要因をコントロールした保険者別の実証分析の結果、国民健康保険料の賦課方式の内容と組み合わせが、現年分収納率に異なる影響を与えることが明らかになった。具体的には、所得割の保険料率は現年分収納率を低下させるが、資産割は収納率を高める効果をもち、平等割は有意な影響を与えないものの、均等割は保険料の収納を低下させていることが明らかとなった。

　したがって、現年分収納率の向上を目指して保険料の設定を行うならば、所得割、資産割、平等割、均等割それぞれの収納率に与える効果をもとに検討することが有効である。

　現実的に国民健康保険事業は、財政的な持続可能性の向上のため、都道府県単位の共同業務の実施が検討されている。その際、所得割と均等割の2方式への統一が視野に入っている。資産割と平等割を廃止して、保険料収入を

維持すれば、所得割の保険料率と均等割の保険料を高めざるを得ず、収納率の低下は避けられない。

一方、都道府県単位の広域化の対象となる事業には、収納対策も含まれている。分析結果によれば、徴収回数が収納率を高めている。2方式への集約が収納率を低下させることを勘案し、効果的な収納対策を行うことが必要になってくる。

注
1) 収納率は厚生労働省『国民健康保険事業状況報告書』より計測した。ここでは、市町村、一部事務組合、広域連合の保険者における収納率を掲げている。
2) 保険料の徴収方式の名称には、国民健康「保険料」として徴収する保険料方式と、国民健康「保険税」として徴収する保険税方式の2つがある。厚生労働省(2010)『国民健康保険事業報告書（事業年報）』によると、保険者の9割弱が国民健康「保険税」を採用している。保険者は保険料と保険税を選択できるが、今後の記述においては、特に断りのない限り、保険料で表記を統一する。
3) 法定外繰入については、第4章87頁も参照。
4) なお、現年分収納率の定義は本章の第4節を参照されたい。
5) 応益分の保険料に関し、低所得の被保険者を中心に、公費による補填で保険料が部分的に軽減されている。この軽減分については、市町村の一般会計からの繰入があり、その財源は都道府県が4分の3、市町村が4分の1をになっている。
6) 所得に応じた保険料部分が所得割、固定資産に応じた保険料部分が資産割であり、これらは負担能力に応じるという意味で応能割である。一方、世帯ごとに課される平等割や被保険者数の個人に課される均等割のように、受益に対応する応益割がある。保険者は、これらの4種類の組み合わせで保険料を徴収している。
7) 山田(1998)、岸田(2002)、泉田(2003)、湯田(2010)は、国民健康保険の事務費や運営費に着目し、規模の経済性が財政の効率化に影響を与えることを明らかにした。また湯田(2010)が指摘するように、国民健康保険料をテーマとした研究の多くが被保険者の規模と財政問題との関係に注目してきた。
8) 家計経済研究所『消費生活に関するパネル調査』を用いた湯田(2006)によれば、国民健康保険料は未加入に影響をしている。
9) 本章は足立・上村(2013c)をもとに執筆されている。
10) 『国民健康保険事業状況報告書（事業年報）』のうち、「表13 国民健康保険事業状況報告書（事業年報）A表」、「表14 国民健康保険事業状況報告書（事業年報）B表(1)」、「表14-2 国民健康保険事業状況報告書（事業年報）B表(2)」を用いる。
11) 2008年4月に後期高齢者医療制度の施行によって、75歳以上の後期高齢者と前期高齢者で障がいをもつ高齢者は健康保険から脱退し、後期高齢医療制度に組み込まれることとなった。したがって『国民健康保険事業状況報告書（事業年報）』データの対象者は2008年度前後で異なる。本章では後期高齢者医療制度の施行を考慮して、2008年度以降のデータを用いる。

12) 2008年度の保険者数は1,646、2009年度と2010年度は1,587であった。パネルデータの作成により、各年度の保険者数を1,587に統一した。
13) 現年分および滞納繰越分の収納率の定義は、保険者が実際に利用している計算式を用いている。
14) 『国民健康保険事業状況報告書（事業年報）』では、「総務費」から収納対策費を分離することはできないため、本章では「総務費」を使用する。
15) 被保険者数に応じた保険料収納割合によって減額率が定められている。
16) 所得割の算定方法には、住民税方式、本文方式、旧ただし書き方式があり、ほとんどの保険者が旧ただし書き方式を採用している。これらの方式においては、所得割の算定基礎が異なる。そこで本章では、旧ただし書き方式を採用している保険者の所得割の保険料率データを分析に用い、他の方式の保険者のデータは採用しない。なお、将来的には旧ただし書き方式に一本化されてゆく方針となっている。
17) 合併などにより、不均一賦課方式を採用している保険者は、『国民健康保険事業状況報告書（事業年報）』の保険料データがゼロになっている。そのため、本章では不均一賦課方式の保険者を分析対象のデータセットから除いている。
18) 本章の課税所得は『国民健康保険事業報告書（事業年報）』の保険料を用いている。保険料の形態には、所得割、資産割、平等割、均等割があるが、被保険者の所得に関係するのが所得割である。所得割の算定基礎としては、「①課税所得金額（基礎控除）」「②課税所得金額（各種控除）」「③市町村民税の所得割税額」「④市町村民税額等」「⑤その他」があるが、本章では「①課税所得金額（基礎控除）」の基礎控除後所得方式を採用している保険者のデータを用いる。その理由は、他のデータに比較して数が多く、2013年度以降には基礎控除後所得方式に統一されたことからも、被保険者の所得データとして、もっともふさわしいと考えられるからである。
19) 2008年度の後期高齢者医療制度の導入により、国民健康保険制度は75歳未満の前期高齢者を対象とするようになったため、本章では高齢化の影響を前期高齢者率】によって分析する。
20) 対数線形関数を採用したのは、推計で得られる係数を弾性値として解釈したいためである。
21) たとえば田中(2005)なども収納率の地域性の存在を指摘している。
22) 総務費には収納対策費が含まれるものの、純粋な収納対策費をデータとして抽出できず、そのために収納率への影響が検出されなかったと考えられる。もしくは効果的な収納対策がなされていないとも考えることができるが、データの制約もあって断言はできない。

終章
政策評価とポスト一体改革の指針

　本書では、現実的に「社会保障と税の一体改革」が進むなか、社会保障制度の持続可能性を高めるために注目される財源としての税と社会保障負担の現状と課題について検討をした。この終章では、税と社会保障負担の政策評価とポスト一体改革の指針を示す。

　「社会保障と税の一体改革」が進む現時点でも、ポスト「社会保障と税の一体改革」を考えることの必要性は次の通りである。

　第1に、日本財政は2024年度以降、悪化すると考えられる。序章の図0.4には、内閣府による国と地方のプライマリーバランス対名目GDPの推移が示されているが、2024年度以降の予測は2015年7月時点では提示されていない。

　しかし、2024年度を過ぎても、少子高齢化の進展はとまらず、社会保障にかかる経費は伸び続けると考えられる。したがって、2024年度以降の財政についても、現時点で考えておくことは重要である。

　第2に、現在の「社会保障と税の一体改革」は、2017年4月に消費税の税率10％への引き上げを予定しているものの、それ以降の財源確保の目処は立っていない。消費税の税率引き上げにこだわることはないが、幅広く財源確保のあり方について、現時点で考えておくべきである。

　以上を踏まえて終章では、第1に、あらためて各章のインプリケーションを税と社会保障負担の政策評価としてまとめる。第2に、ポスト「社会保障と税の一体改革」の指針について検討する。

1. 税と社会保障負担の政策評価

　序章では、厳しい日本財政と社会保障財政の現状について述べ、今後の財政再建においては、負担増、歳出抑制、経済成長のすべてが不可欠なこと、なかでも税・社会保険料負担のあり方が重要であることを指摘した。

　また、社会保障サービスの受益と負担の関係が、自己負担、社会保険料、租税の順番に弱くなる特徴を踏まえて、社会保障財源の確保を行うことが大切である。社会保険料の収入が頭打ちになるなか、受益と負担の関係が最も弱い税財源を活用するからこそ、国民に対して丁寧な説明が必要である。

　第1章から第7章では、個々の税もしくは社会保障負担についての分析が行われた。

　第1章では、所得税の控除と税率が税収に与える影響を数量的に示した。近年、女性の社会進出や少子化対策との関わりで、配偶者控除や扶養控除のあり方をめぐり、活発な議論がなされている。日本財政の状況は厳しく、控除や税率の改革にあたっては、それが税収に与える影響を考える必要がある。そこで、いくつかの所得控除がもつ税収ロスを試算した。

　その結果、試算した所得控除のなかでは、「社会保険料控除」「一般扶養控除」「一般配偶者控除」の順番で税収ロスが大きい。特に社会保険料控除は、少子高齢化を背景にして、税収ロスの規模が大きくなっている。また、給与所得者1人あたりの税収ロスは、高所得層ほど所得控除による補助金が大きくなる負の所得再分配効果がみられた。

　さらに、所得税の限界税率を1％ポイント引き上げたときの増収額と給与所得者1人あたりの負担額を試算した。もっとも低い第1限界税率の税率引き上げは税収調達能力が高いが、ほとんどの給与階級に負担増を強いる。高所得層に負担増を限定するならば、高い限界税率の引き上げが妥当だが、税収調達能力が低くなるジレンマが生じている。

　第2章では、「社会保障と税の一体改革」において、社会保障財源として

期待される消費税を含む間接税に注目した。これらの消費課税には、家計の収入に占める税負担の割合が、収入が低いほど高くなる逆進性の問題が指摘されている。そこで、家計の個別間接税と消費税の負担を計測することで、個別間接税を含めた間接税の負担構造を明らかにした。

分析結果は、以下にまとめられる。第1に、低所得階級は間接税負担率が相対的に高く、間接税全体の間接税負担率は、第Ⅰ分位は第Ⅹ分位の3倍程度の大きさとなる。このことから、個別間接税を含めた間接税全体でも逆進性が認められる。

第2に、個別間接税よりも消費税に逆進性の比重が大きい。特に「食料」に対する消費税の間接税負担率は、第Ⅰ分位が極めて高く、逆進性が相対的に高い。そのため、「食料」の消費税が大きな逆進性をもつことについては、低所得者層に対して何らかの負担軽減策を検討される必要があるかもしれない。また、「交通・通信」については、消費税よりも個別間接税の負担割合が高い。これは、揮発油税などの個別間接税の負担が要因である。

第3に、消費税の税率引き上げが、家計の間接税負担率にもたらす影響について考察した。いくつかの政策パターンを推計すると、増税が大きいほど逆進性は高まる。消費税の税率引き上げは、どのような逆進性を緩和させる政策を採用しても、どの所得階級にもマイナスの再分配効果を与える。これは、軽減税率やゼロ税率が、低所得者層だけでなく高所得者層にも恩恵を与えるからである。そのため、所得再分配政策としても、食品などへの単純な軽減税率にこだわるのではなく、低所得者に的を絞ったターゲット効率性の高い政策を指向することが必要である。

第3章では、法人所得税を取り上げ、投資家である家計の税制と設備投資の資金調達手段の違いを考慮した租税調整済み資本コストと、そこから導出される限界実効税率を個別企業の財務データから推計することで、限界実効税率の分布の推移を示した。さらには、投資関数を推計し、そこから投資率に対する法人実効税率の弾力性を計測して分布の推移を図示した。

推計結果によれば、過去の法人所得税は設備投資に対して影響力を持って

いたと考えられるが、2000年代に入ってからは、法人所得税の設備投資への影響力はとても小さくなってしまった。この背景には、低迷する経済、グローバル化の急激な進展など、企業を取り巻く環境が大きく変化していることがあるだろう。法人所得税が企業の設備投資に与える影響は小さく、他の要因が拡大してきたことを示唆している。そのため、法人所得税改革においては、設備投資よりも立地選択に影響をもたらしているかどうかが検証されるべきテーマである。

第4章では医療保険制度における社会保障負担について分析を行った。具体的には、第1節では国民健康保険制度、第2節では後期高齢者医療制度を取り上げ、各保険者が決定する保険料の地域間格差を示すとともに、保険料負担に対して、医療給付の受益がどのような関係にあるかを明らかにした。

第1節の国民健康保険制度では、医療給付費の要因分解から給付の内訳を明らかにしたのち、保険料の地域間格差および医療給付費ならびに保険料の受益と負担の関係を検討した。その結果、次の3点が指摘できる。

第1に、被保険者あたりの単位では、医療給付費ならびに保険料には共通して地域間格差が生じており、双方を比べれば医療給付費よりも保険料の格差が高いことが示された。なお、規定の算定のみで決定する保険料算定額の変動係数に比べ、低所得者を対象とする軽減・減免措置を行った保険料調定額の変動係数が高いことから、軽減・減免措置が保険料の地域間格差を拡大させていることが示唆されている。

第2に、近年の保険者単位の移行を踏まえ、医療給付費ならびに保険料の地域間格差を市町村単位別に検証した。市町村単位よりも都道府県単位の方が地域間格差を縮小できることから、「社会保障と税の一体改革」のもとで進められている都道府県単位化による広域化政策は、格差を抑えることが示された。

第3に、医療給付費と保険料の関係を検証したところ、都道府県別でも保険者別でも負の相関にあることから、受益と負担との関係が見いだせない結果が得られた。

終章　政策評価とポスト一体改革の指針　201

　最後に、保険料を算定のみの保険料算定額および軽減・減免措置を考慮した保険料調定額のそれぞれで分析を行った。医療給付費との関係では保険料算定額よりも保険料調定額がより負の相関が強く、軽減・減免措置が医療給付費と保険料の受益と負担の関係を崩している可能性がある。したがって、保険料における軽減・減免措置は地域間格差を広げるだけでなく、医療給付費と保険料の受益と負担の関係を一層弱めていることが示唆される。

　第2節では、高齢化にともなう医療費の増大が見込まれるなかで、高齢世代と若年世代の負担の明確化を目指し、2008年に発足した後期高齢者医療制度を取り上げた。まず、75歳以上の高齢者医療の実態を明らかにすべく、後期高齢者医療給付の内訳について要因分解を行った。つぎに、保険料の格差について検討した。

　国民健康保険制度と同じく、後期高齢者医療保険制度の保険料についても、各保険者が保険料を決定しており、地域間格差が生じている可能性が高い。そこで変動係数を指標に格差の実態を明らかにしたうえで、格差縮小を図りつつも、受益である医療給付費に対し、保険料負担がどのように設定されているかを検証した。

　まず、後期高齢者医療においては、医療給付費の9割を入院費、入院外費そして調剤費が占めており、それぞれの変動係数はわずかで、地域間格差が小さいことが示された。次に、医療給付費と比べて保険料には地域間格差が生じており、保険料算定額と保険料調定額を比較したとき、軽減率によってその効果は異なるが、共通して軽減・減免措置が地域間格差を広げていることが示された。最後に、医療給付費と保険料には正の相関が認められるが、軽減・減免措置によってその相関は緩和される結果となった。

　以上のことから、入院費や入院外費そして調剤費が大半を占める医療給付費は地域間格差が抑えられているものの、保険料の地域間格差は大きい。しかも、都道府県内の地域間格差の縮小を目指した軽減・減免措置は、都道府県間の保険料の地域間格差を広げており、その効果は軽減率によって異なっている。

また、医療給付費の受益に対し、負担である保険料には相関関係が認められるが、軽減・減免措置を実施することで、その相関が緩和されることから、医療給付費に応じた保険料の負担が軽減・減免措置によって軽減されていることが検証された。

　したがって、国民健康保険制度と後期高齢者医療保険制度に共通して、医療給付費の地域間格差を上回る格差が保険料に生じており、その保険料における軽減・減免措置は地域間格差を広げるだけでなく、医療給付費と保険料の受益と負担の関係を一層弱めていることが示された。

　引き続き第5章では、2000年度に創設された介護保険制度の保険料について分析を行った。介護保険制度においても創設当初から、高齢化による介護給付費の急増が予想されており、保険料の制度設計においても議論の的となった。そのような背景をもとに、第4章と同様に、介護保険制度においても受益と負担の関係と地域間格差の観点から分析を行った。

　さらに、地域格差や受益と負担に留まらず、介護保険制度の礎といわれるドイツや近年制度設計がなされた韓国の制度を参考に、具体的に保険料の抑制政策についても給付抑制と財源確保の視点から検討を行った。

　推計結果から、要介護度2以下のサービス廃止による給付の抑制と被保険者数を30歳以上に拡大する財源確保のケースが、介護保険料の抑制に大きく寄与する政策であることが明らかとなった。

　実際に、韓国やドイツの介護保険制度に則って実施されれば、被保険者数の拡大による財源確保に加え、介護予防サービスの廃止、要介護度2以下のサービスの廃止による給付の抑制が念頭におかれるべきである。これらを単純に合計すれば、実に50％以上の介護保険料を抑制できる。しかしながら、被保険者数の拡大については、介護保険料の地域間格差を拡大する。一方、自己負担割合の引き上げは、保険料の抑制効果は相対的に小さいものの、地間間格差は縮小する。

　したがって、受益と負担の適正化をはかることで介護保険料の抑制の効果はある程度認められるものの、介護保険料の地域間格差をどうとらえるかを

検討していく必要がある。

　第6章では所得課税と社会保険料の再分配効果の推計を行った。具体的には、家計のマイクロデータを用いて、ライフサイクルにおける所得が所得課税と社会保険料から受ける影響を考慮して、所得の割引現在価値から不平等尺度を計測し、再分配効果を評価した。分析結果をまとめると、次のようになる。

　第1に、家計の所得分布は、割引現在価値で評価しても拡大傾向にある。第2に、拡大傾向にある所得に対して、所得課税は正の再分配効果をもち、所得格差を縮小している。一方、社会保険料は負の再分配効果をもち、所得格差を拡大している。第3に、所得課税と社会保険料を合わせた再分配効果は正であるが、その効果は年々低下傾向にある。そのために、再分配後の所得の不平等化が進展していることが示された。

　さらに所得階層別にみた場合、中所得層の再分配効果は大きいが、低所得層の再分配効果は低下傾向にある。世代階層別で推計した場合では、1960年代は若年世代への再分配効果は相対的に小さかったが、1990年代以降は大きくなっている。

　第4に、所得階層・世代階層別でみた場合に、低所得者層のなかでも若年世代が最も所得格差が広がっており、その低所得者層の所得課税と社会保険料の再分配効果はともに中年世代で大きい。また、年代ごとに所得階層・世代階層別の格差を検証した結果、1990年代までは、おおむね年代が新しくなるにつれて大きくなり、不平等化が進展するが、2000年代では不平等化が弱まっている。所得課税の再分配効果は、全階層で年々低下しつつも、その推移は異なっている。したがって、所得課税と社会保険料の再分配効果は相違が生じており、その効果は所得階層別および世代階層別に傾向が異なる。

　年々増加する社会保障サービスを自己負担と社会保険料でまかなっているものの、財源が足らず、「公費」に依存している。本来ならば、受益と負担の関係が明確である自己負担と社会保険料で財源不足を補うことが、受益と負担の追求からいえば望ましい。しかしながら、社会保険料収入は頭打ちに

なっている。その要因の1つに収納率の低さが指摘されている。

そこで第7章では、税制や他の社会保険制度に比べて、収納率が低いことが特に問題になっている国民健康保険制度の保険料収納率に着目した。具体的には、国民保険制度の収納率を第1に財政調整との関係から、第2に保険料賦課方式との関係から保険料収納率について分析を行った。

第1の分析の結果から、特別調整交付金（都道府県）による財政調整は、現年分収納率を高める効果をもっているが、普通調整交付金（国）や保険基盤安定繰入金（市町村）については、現年分収納率を向上させるように働いていないことが示された。

したがって、国民健康保険財政の持続可能性を高めるために収納率を向上させるには、普通調整交付金（国）のようにペナルティを科すのではなく、または保険基盤安定繰入金（市町村）のように補助を与えるのではなく、特別調整交付金（都道府県）のような形で収納率に対してインセンティブを与えることが必要である。

なお、特別調整交付金は都道府県支出金の一部であり、保険者の収納率の向上には、都道府県単位の取り組みが不可欠であることが示唆される。現実的に国民健康保険制度は都道府県単位の広域化が検討されており、収納業務についても共同実施の取り組みや収納率目標の設定が図られている。これらのような収納業務における広域的な取り組みを進めることが、国民健康保険財政の持続可能性の向上にとって重要だといえる。

第2の分析では、国民健康保険制度における保険料賦課方式の違いが収納率に与える影響について検証を行った。その結果、様々な財政要因、滞納繰越要因や環境要因をコントロールした保険者別の実証分析の結果、国民健康保険料の賦課方式の内容と組み合わせが、現年分収納率に異なる影響を与えることが明らかになった。具体的には、所得割の保険料率は現年分収納率を低下させるが、資産割は収納率を高める効果をもち、平等割は納付には有意な影響を与えないが、均等割は保険料の収納を低下させていることが明らかとなった。

2．ポスト「社会保障と税の一体改革」の指針

　本書による税と社会保障負担の経済分析の結果を踏まえて、ポスト「社会保障と税の一体改革」の姿は、どのようになるのだろうか。所得税、間接税、法人課税、社会保障負担の順に考えてみる。

2.1　所得税

　第1は所得税である。景気対策としての減税を続けてきた結果、所得税の税収調達機能は低下し、国税に占める税収の割合は先進国では低い水準となった。その一方で、所得格差は広がっており、所得税の所得再分配機能を強化することが望まれる。

　所得税が、国税の基幹税として復権するためには、まずは所得控除に切り込むべきである。その際、働き方に対して中立となる配偶者控除のあり方を検討するだけでなく、給与所得控除、社会保険料控除、公的年金等控除といった大型の所得控除についても、聖域を設けることなく、改革の必要性を模索するべきである。

　給与所得控除については、特定支出控除との関係を整理し、サラリーマンの経費とは何かという真正面からの検討が必要である。各種の所得控除は負の所得再分配効果をもつために、税額控除への切り替えも考えられよう。また、少子高齢化にともない、社会保険料の拠出は今後も増えてゆくことが予想される。社会保険料控除は全額控除となっていることが、所得税の税収ロスの大きな要因となっていることから、たとえば社会保険料控除に上限を設けることが考えられる。

　また、公的年金等控除も、高齢者世代の所得格差の是正、世代間の所得格差の是正、さらには社会保険料控除との関係から、控除の必要性があるかどうか、再検討しなければならない。公的年金制度は、現役時の所得格差を退職時に持ち込む制度である。社会保険料控除によって拠出段階で非課税とな

り、給付段階でも公的年金等控除によって非課税となることが、公的年金を過度に優遇している。

　税率の変更については、現実の政治プロセスのなかでは困難かもしれない。そのため、課税所得の区分（ブラケット）の変更により、所得再分配機能と税収調達能力の強化が図られるべきである。

2.2　間接税

　第2は消費税を含めた間接税である。特に消費税は、今後も社会保障財源として重要な役割をになうことになる。消費税の税率は2017年4月に10％への引き上げが予定されているが、2020年度のプライマリーバランス黒字の達成、そして2024年度以降の日本財政を考えれば、税率10％は財政をまかなうには十分ではない。消費税の税率については、現在の「社会保障と税の一体改革」の後に行うべきポスト「社会保障と税の一体改革」を想定して、引き上げスケジュールを考えておくことが必要である。

　また、軽減税率については、「酒を除く飲料食品」に関して導入される予定（2015年9月現在）ではあるが、できるだけ範囲を狭めた形で導入することが望ましい。なぜなら、軽減税率は税制を複雑化するだけでなく、新たな既得権益となり、税収ロスをもたらすからである。食品への単純な軽減税率はターゲット効率性が悪く、所得再分配政策としてはほとんど効果がない。軽減税率によって所得再分配を目指すのではなく、たとえばマイナンバー制度の活用により、社会保障給付を組み合わせたターゲット効率性の高い政策の構築が必要である。

2.3　法人課税

　第3は法人課税である。他の先進国やアジア諸国の税率引き下げが実施されるなかでは、日本の法人実効税率も引き下げてゆくことが、国際間の税制のイコールフッティングとしては必要であろう。とはいえ、実効税率の引き下げは、税収ロスを生じさせることから、他の財源の確保が必要となる。ま

た、実効税率の引き下げが、設備投資に与える影響は小さくなっていることからも、企業の立地行動にどのような効果をもたらすかを見定めなければならない。

　国税の法人税を法人擬制説としてとらえるならば、法人税は所得税の「前取り」の性格をもつことから、配当所得税や譲渡所得税との関係を整理することが必要である。大まかな方向性としては、法人実効税率の引き下げを実施しつつ、所得税の税収調達機能の強化を同時に行うことが、租税理論の考え方からは妥当である。

　さらに、法人実効税率の引き下げと所得税の最高税率の引き上げがなされるならば、「法人成り」が深刻化する。「法人成り」は、租税の中立性の観点からは望ましいものではないことから、「法人成り」を防ぐ税制の構築が必要となる。

　地方の法人所得課税については、法人住民税法人税割と法人事業税所得割を整理し、たとえば国税の法人税に集約する、もしくは法人住民税均等割と法人事業税付加価値割に集約してゆくことも重要である。その際、法人事業税資本割も整理の対象となる。地方自治体の税収格差の是正とともに、地方公共サービスの受益と負担の観点から、地方法人課税のあり方を検討することが不可欠であろう。

2.4　社会保障負担

　第4に社会保障負担である。まず、自己負担である。医療保険は3割負担が原則であり、高齢者は低い自己負担割合となっている。介護保険は1割負担が原則である。高齢者といっても、家計の経済状況はまちまちであり、金融資産を多く保有しているのも高齢者である。そのため、所得だけで家計の負担能力を測ることには限界があり、資産を含めた測定が必要になる。一定の所得や資産をもつ家計に対しては、自己負担割合の引き上げは妥当である。

　家計の状態によって自己負担割合を変更することは、応益原則から逸脱し、応能原則を取り入れることを意味する。しかしながら、医療保険も介護保険

も財政が逼迫していることから、部分的に応能原則を取り入れることは、検討に値する改革である。負担の公平を実現するためには、捕捉の透明性を高めてゆくことが前提となる。

　次に、社会保険料である。消費税よりも社会保険料の方が、社会保障サービスの受益に対する負担の関係が強い。そのため、社会保障サービスの受益に対する負担としては、消費税の税率の引き上げを安易に考えるべきではなく、まずは社会保険料が最初に念頭におかれなければならない。

　とはいえ、ここでも家計の負担能力が問題になる。特に、定額の社会保険料を拠出する家計にとっては、収入に占める社会保険料の負担は逆進的となる。また、定率の社会保険料を負担する家計でも、社会保険料には所得税のような課税最低限がないため、拠出の負担感は重くなる。これらのために、社会保険料の引き上げにも、一定の限界がある。

　そして、社会保険料の軽減・減免措置は、受益と負担の関係を重視する社会保険の原則から逸脱せざるを得ないものとなっている。低所得者への配慮は不可欠だが、社会保険の受益と負担の関係から、軽減・減免措置を再考することは重要であろう。この点も踏まえて、受益と負担の関係が相対的に弱い消費税については、社会保障財源とすることへの丁寧な説明が欠かせない。

　なお、地域保険である国民健康保険料や介護保険料については、ある程度の地域間格差が生じることはやむを得ない。高い受益が存在するからこそ、高い保険料となっているためである。ただし、国民健康保険制度については、完全な地域保険になっておらず、法定外繰入による一般納税者の負担が、国民健康保険料を軽減する効果をもってしまう。このことは、国民健康保険制度の加入者と一般納税者の負担の公平の問題を生じさせている。

　国民健康保険制度の公平性の問題を解決するには、乱立する医療保険制度を介護保険制度のような地域保険に再統合しなければならない。いまのところは、都道府県単位化が念頭に置かれ、財政基盤の強化が最大の目的となっている。とはいえ、医療保険制度の最終的な着地点が、どこにあるかをデザインしておくことは不可欠である。

3．まとめ

　本章では、本書の各章の分析結果として、税と社会保障負担の政策評価の概要をまとめた。さらに、ポスト「社会保障と税の一体改革」の指針について示した。本来、ポスト「社会保障と税の一体改革」は、現在の「社会保障と税の一体改革」の進行と同時に、考えておかねばならないはずである。にも関わらず、現在の一体改革を進めることに汲々とし、将来ビジョンがないままに、いまの財政運営が行われているのではないだろうか。

　社会保障に関しては、財源の問題だけでなく、給付の抑制も大きな課題である。この点は、本書の内容を越えるものではあるが、給付が効率的かどうかが、負担の大きさに直結する。給付の抑制といえば、何かしらマイナスのイメージを持ちがちであるが、ターゲット効率性の高い給付を行うことは、必要性の高い給付をカットすることではない。必要とする家計に対しては必要な給付を行うことは当然であり、必要と不要を区別し、給付の効率性を高めることが不可欠である。この点からも、マイナンバー制度の活用による効率性の向上は欠かせない。

　さらに加えて、給付のあり方は、地域経済への波及効果も合わせて検討しなければならない。特に地方圏では、社会保障による給付や、医療・介護・保育といった社会保障分野における雇用がもたらす所得への影響が大きい。そのため、単純な給付抑制は、地域経済への打撃になる。地域経済への波及効果も認識しつつ、社会保障の給付の効率性を高める必要がある。

　社会保障の給付の効率性の向上が、家計にとって納得感のある社会保障サービスを構築し、その負担としての税と社会保障負担にも納得感をもたらす。納得感の向上は、徴収率や収納率の改善にもつながる。ここでもマイナンバー制度の活用は重要である。効率的な受益と納得感のある負担をもたらす制度を創ることこそが、ポスト「社会保障と税の一体改革」に求められるビジョンなのである。

参考文献

Fukui Tadashi and Yasushi Iwamoto(2007)"Policy Options for Financing the Future Health and Long-Term Care Costs in Japan," in Takatoshi Ito and Andrew Rose eds, *Fiscal Policy and Management in East Asia*, Chicago: University of Chicago Press, pp.415-442.
Hall, Robert and Dale Jorgenson(1967)"Tax Policy and Investment Behavior," *American Economic Review*, Vol.57, pp.391-414.
Ichida Y, Kondo K, Hirai H, Hanibuchi T, Yoshikawa G, Murata C,(2009)"Social Capital, Income Inequality and Self-Rated Health in Chita Peninsula, Japan: a Multilevel Analysis of Older People in 25 Communities", *Social Science & Medicine*, Vol 69, pp.317-326.
King, Mervyn(1974)"Taxation and the Cost of Capital," *Review of Economic Studies*, Vol.41, pp. 21-35.
Oshio, T. and M. Kobayashi(2009)"Income Inequality, Area-Level Poverty, Perceived Aversion to Inequality, and Self-Rated Health in Japan," *Social Science & Medicine*, Vol.69, pp.317-326.
Subramanian, S.V. and I. Kawachi(2004)"Income Inequlity and Health: What Have We Learned So Far?" *Epidemiologic Reviews*,Vol.26, pp78-91.
Summers, L.H.(1981)"Taxation and Corporate Investment: A q-Theory Approach," *Brooking Papers on Economic Activity*, pp.321-334.
Wilkinson, R. G.(1992)"Income Distribution and Life Expectancy," *British Medical Journal*,Vol.304, pp.165-168.
Wilkinson, R.G. and E.K. Pickett(2006)"Income Inequality and Health: A Review and Explanation of the Evidence," *Social Science & Medicine*,Vol.62, pp.1768-1784.
足立泰美(2015)『保健・医療・介護における財源と給付の経済学』大阪大学出版会。
足立泰美・上村敏之(2013a)「国民健康保険制度における財政調整と保険料収納率」『生活経済学研究』第37巻、15-26頁。
足立泰美・上村敏之(2013b)「国民健康保険の規模の経済性：事務事業費と給付事業費を区別した実証分析」『地方財政』第52巻第10号、210-223頁。
足立泰美・上村敏之(2013c)「地域密着型サービスが居宅・施設サービスの介護費用に与える影響」『会計検査研究』第47号、139-153頁。
足立泰美・上村敏之(2013d)「国民健康保険における事務事業費の効率化」『生活経済学研究』第38巻、1-9頁。
阿部彩(2000)「社会保険料の逆進性が世代内所得不平等度にもたらす影響」『季刊社会保障研究』第36巻第1号、67-80頁。

阿部彩(2001)「国民年金の保険料免除制度改正：未加入、未納率と逆進性への影響」『日本経済研究』第43巻、134-154頁。

泉田信行(2003)「国保制度における保険者の規模」『医療制度改革と保険者機能』東洋経済新報社、121-136頁。

岩田一政・鈴木郁夫・吉田あつし(1987)「設備投資の資本コストと税制」『経済分析』第107号、1-72頁。

岩本康志(1989)「日本企業の平均・限界実効税率」『ファイナンス研究』第11号、pp.1-29。

岩本康志(1991)「配当軽課制度廃止の経済効果：89年法人税改革の分析」『経済研究』第42巻第2号、127-138頁。

岩本康志(2000)「ライフサイクルから見た不平等」『家族・世帯の変容と生活保障機能』東京大学出版会。

岩本康志・尾崎哲・前川裕貴(1995)「『家計調査』と『国民経済計算』における家計貯蓄率動向の乖離について(1)：概念の相違と標本の偏りの問題の検討」『フィナンシャル・レビュー』第35号、51-82頁。

岩本康志・尾崎哲・前川裕貴(1996)「『家計調査』と『国民経済計算』における家計貯蓄率動向の乖離について(2)：ミクロデータとマクロデータの整合性」『フィナンシャル・レビュー』第37号、82-112頁。

岩本康志・福井唯嗣(2007)、「医療・介護保険への積立方式の導入」『フィナンシャル・レビュー』第87号、44-73頁。

上村敏之(2004)「法人所得税と産業別の企業投資：再検討 – Tax-adjusted Q とキャッシュ・フロー」『総合税制研究』第12号、20-42頁。

上村敏之(2006)「家計の間接税負担と消費税の今後：物品税時代から消費税時代の実効税率の推移」『会計検査研究』第33号、11-29頁。

上村敏之(2008)「所得税における租税支出の推計：財政の透明性の観点から」『会計検査研究』第38号、11-24頁。

上村敏之(2009)『公的年金と財源の経済学』日本経済新聞出版社。

上村敏之(2012a)「所得税の税収構造の要因分解による実証分析：所得控除の税収ロスと税率変更による増収額の試算」APIR Discussion Paper Series 第24巻。

上村敏之(2012b)「所得税の税収控除の要因分解による実証分析：所得控除の税収ロスと税率変更による増収額の試算」『経済学論究(関西学院大学)』第66巻第2号、119-135頁。

上村敏之(2013)『消費増税は本当に必要なのか？』光文社新書。

上村敏之(2014a)「所得税の控除と税率が税収に与える影響」『税研』第30巻第1号、16-25頁。

上村敏之(2014b)「所得税と個人住民税の控除が税収に与える影響」『経済学論究』第68巻第3号、319-332頁。

上村敏之(2015a)「社会保障改革と財政再建の行方と展望」『週刊社会保障』第69巻2807号、60-65頁。

上村敏之(2015b)「雇用と年金の所得課税」西村淳編著『雇用の変容と公的年金』第2章、

東洋経済新報社、21-41 頁。

上村敏之・前川聡子(1999)「企業財務データを利用した Tax-adjusted Q の計測」『大阪大学経済学』第 49 巻第 1 号、22-38 頁。

上村敏之・前川聡子(2000)「産業別の投資行動と法人所得税:企業財務データを利用した Tax-adjusted Q による実証分析」『日本経済研究』第 41 巻、45-70 頁。

浦川邦夫(2012)「公的医療保険制度に対する重要な知識の欠落の要因(特集 健康格差の社会経済的要因)」『医療と社会』第 22 巻第 1 号、41-55 頁。

大石亜希子(2006)「所得格差の動向とその問題点」貝塚啓明・財務総合政策研究所(編著)『経済格差の研究:日本の分配構造を読み解く』中央経済社。

大蔵省財政史室(1977)『昭和財政史:終戦から講和まで:第 8 巻 租税(2)税務行政』東洋経済新報社。

大蔵省財政史室(1990)『昭和財政史:昭和 27 年〜48 年度:第 6 巻 租税』東洋経済新報社。

大蔵省財政史室編(1982a)『昭和財政史:終戦から講和まで:第 7 巻 租税(1)』東洋経済新報社。

大蔵省財政史室編(1982b)『昭和財政史:終戦から講和まで:第 8 巻 租税(2)・税務行政』東洋経済新報社。

大蔵省財政史室編(1982c)『昭和財政史:終戦から講和まで:第 18 巻 資料(2)』東洋経済新報社。

大蔵省財政史室編(1997a)『昭和財政史:昭和 27 年〜48 年:第 6 巻 租税』東洋経済新報社。

大蔵省財政史室編(1997b)『昭和財政史:昭和 27 年〜48 年:第 15 巻 資料(3) 租税・国債』東洋経済新報社。

大竹文雄(1994)「1980 年代の所得・資産分配」『季刊理論経済学』第 45 巻第 5 号、385-402 頁。

大竹文雄(2005)『日本の不平等:格差社会の幻想と未来』日本経済新聞社。

大野太郎・中澤正彦・三好向洋・松尾浩平・松田和也・片岡拓也・高見澤有一・蜂須賀圭史・増田知子(2013)「家計の世帯分布:『全国消費実態調査』『家計調査』『国民生活基礎調査』の比較」PRI Discussion Paper Series。

小椋正立・千葉友太郎(1991)「公平性から見た我が国の社会保険料負担について」『フィナンシャル・レビュー』第 19 巻、27-53 頁。

小塩隆士(2004)「1990 年代における所得格差の動向」『季刊社会保障研究』第 40 巻第 3 号、277-285 頁。

小塩隆士(2010)『再分配の厚生分析:公平と効率を問う』日本評論社。

小塩隆士(2009)「社会保障と税制による再分配効果」国立社会保障・人口問題研究所編『社会保障財源の効果分析』東京大学出版会。

小塩隆士・浦川邦夫(2008)「2000 年代前半の貧困化傾向と再分配政策」『季刊社会保障研究』第 44 巻第 3 号、278-289 頁。

小塩隆士・田近栄治・府川哲夫(2006)『日本の所得分配:格差拡大と政策の役割』東京大

学出版会。
川上憲人・小林廉毅・橋本英樹編(2006)『社会格差と健康』東京大学出版会。
河口洋行・井伊雅子(2010)「低所得世帯における社会保険と生活保護の現状に関する研究」『医療経済研究』第 22 巻第 1 号、91-108 頁。
菊池潤(2008)「施設系サービスと介護保険制度の持続可能性」『季刊社会保障研究』第 43 巻第 4 号、365-379 頁。
菊池潤・田近栄治・油井雄二(2005)「介護保険の現状と持続可能性」『医療と介護の世代間格差』147-166 頁。
岸田研作(2002)「国民健康保険の事務費と規模の経済:近畿 7 府県の国保のパネルデータを用いた分析」『日本経済研究』第 45 巻、246-261 頁。
北村行伸・宮崎毅(2012)「所得不平等と税の所得再分配機能の評価:1984 − 2004 年」『経済研究』第 67 巻第 1 号、56-69 頁。
小松秀和(2008)「高齢者医療費の地域差を保険料にいかに反映させるか:後期高齢者医療制度の普通調整交付金に関する分析」『京都大学経済論叢』第 182 巻第 1 号、71-81 頁。
駒村康平(2001)「社会保険料未納の実証分析」丸尾直美・益村眞知子・吉田雅彦・飯島大那『ポスト福祉国家の総合政策』ミネルヴァ出版会、107-120 頁。
駒村康平・山田篤裕(2007)「年金制度への強制加入の根拠−国民年金の未納・非加入に関する実証分析」『会計検査研究』第 35 巻、31-49 頁。
近藤克則(2005)『健康格差社会:何が心を蝕むのか』医学書院。
齊藤由里恵・上村敏之 (2011)「間接税の所得階級別負担」『会計検査研究』第 44 巻、27-40 頁。
酒井正・風神佐知子(2007)「介護保険制度の帰着分析」『医療と社会』第 16 巻第 3 号、285-301 頁。
四方理人・田中聡一郎・大津唯(2012)「国民健康保険料の滞納の分析」『医療経済研究』第 23 巻第 2 号、120-145 頁。
四方理人・村上雅俊・駒村康平・稲垣誠一(2010)「国民年金保険料の未納・免除・猶予・追納の意思決定についての分析」『RCSS ディスカッションペーパーシリーズ』第 105 巻、1-18 頁。
清水谷諭・寺井晃(2003)「デフレ期待と実質資本コスト:ミクロデータによる 90 年代の設備投資関数の推計」『経済分析』第 171 号、85-107 頁。
白波瀬佐和子(2002)「日本の所得格差と高齢者世帯―国際比較の観点から」『日本労働研究雑誌』第 500 巻、72-85 頁。
下平好博(2010)「多様化する貧困と医療・年金」神野直彦・高橋伸彰編『脱成長の地域再生』NTT 出版、45-86 頁。
鈴木和志(2001)『設備投資と金融市場:情報の非対称性と不確実性』東京大学出版会。
鈴木善充(2011)「消費税における益税の推計」『会計検査研究』第 43 号、45-56 頁。
鈴木亘(2001)「国民健康保険補助金制度の目的整合性とインセンティブに関する実証分析」『生活経済研究』第 16 巻、91-103 頁。

鈴木亘・周燕飛(2001)「国民年金未加入者の経済分析」『日本経済研究』第 42 巻、44-60 頁。

鈴木亘・増島稔・白石浩介・森重彰浩(2012)「社会保障を通じた世代別の受益と負担」『ESRI Discussion Paper Series』第 281 巻、1-51 頁。

高山憲之・白石浩介(2010)「わが国世帯における消費税の負担水準」『一橋大学経済研究所世代間問題研究機構ディスカッション・ペーパー CIS-PIE DP』第 491 巻。

田近栄治・菊池潤(2003)「介護保険財政の展開：居宅介護給付増大の要因」『季刊社会保障研究』第 39 巻第 2 号、174-188 頁。

田近栄治・菊池潤(2004)「介護保険の総費用と生年別給付・負担比率の推計」『フィナンシャル・レビュー』第 74 巻、147-163 頁。

田近栄治・林文夫・油井雄二(1987)「投資：法人税制と資本コスト」浜田宏一・黒田昌弘・堀内昭義編『日本経済のマクロ分析』第 8 章、東京大学出版会、221-229 頁。

田近栄治・油井雄二(1998)「法人税負担の日米比較：資本コストと限界実効税率による分析」『フィナンシャル・レビュー』第 45 号、147-173 頁。

田近栄治・油井雄二(1999)「高齢化と国民健康保険・介護保険：財政の視点から」『季刊社会保障研究』第 35 巻第 2 号、128-140 頁。

田近栄治・油井雄二(2001)「介護保険導入一年で何が起きたか：北海道東部 3 市町村のケース」健康保険組合連合会『健康保険』第 55 巻第 11 号、40-47 頁。

田近栄治・油井雄二(2003)「沖縄からみた介護保険の課題」健康保険組合連合会『健康保険』第 9 巻、52-61 頁。

田中敏(2005)「国民健康保険制度の現状と課題」『国立国会図書館：調査と情報』第 488 巻、1-11 頁。

田中聡一郎・四方理人・大津唯(2011)「国民健康保険料の滞納と納付意思についての分析」『RISS Discussion Paper Series2』第 6 巻、1-22 頁。

田中聡一郎・四方理人・駒村康平(2013)「高齢者の税・社会保障負担の分析：『全国消費実態調査』の個票データを用いて」『フィナンシャル・レビュー』第 115 巻、117-133 頁。

田中秀明(2010)「税・社会保険料の負担と社会保障給付の構造：税制と社会保障制度の一体改革に向けて」『一橋大学経済研究所世代間問題研究機構ディスカッション・ペーパー、CIS-PIE DP』第 481 巻。

中嶋邦夫・上村敏之(2006)「1973 年から 2004 年までの年金改革が家計の消費貯蓄計画に与えた影響」『生活経済学研究』第 24 巻、15-24 頁。

橋本恭之(2002)「消費税の益税とその対策」『税研』第 18 巻第 2 号。

橋本恭之(2009)『日本財政の応用一般均衡分析』清文社。

橋本恭之・林宏昭・跡田直澄(1991)「人口高齢化と税・年金制度：コーホート・データによる制度改革の影響分析」『経済研究』第 42 巻第 4 号、330-340 頁。

林田吉恵(2009)「わが国法人企業の税負担：中小法人と大法人の限界実効税率の比較を中心に」『経済学論究』(関西学院大学)第 62 巻第 4 号、125-142 頁。

林田吉恵・上村敏之(2010)「法人所得税の限界実効税率：日本の個別企業の実証分析」日

本財政学会叢書『財政研究』第6巻、131-148頁。

林宏昭・橋本恭之(1993)「消費項目別の間接税実効税率の推計:1953年から1990年までの推移」『四日市大学論集』第5巻第2号、1-10頁。

日高政浩(2011)「日本の租税支出の推計」『大阪学院大学経済論集』第25巻第1号、17-66頁。

府川哲夫(2006)「世帯の変化と所得分配」小塩隆士・田近栄治・府川哲夫(編著)『日本の所得分配:格差拡大と政策の役割』東京大学出版会。

前川聡子(2004)「社会保障改革による世代別受益と負担の変化」『フィナンシャル・レビュー』第72巻、5-19頁。

増田雅暢(2008)「日本・ドイツ・韓国の介護保険制度の比較考察」『世界の介護保障』189-207頁。

丸山桂・駒村康平(2005)「国民年金の空洞化問題と年金制度のありかた」『社会保障制度の新たな制度設計』223-250頁。

村澤知宏・湯田道生・岩本康志(2005)「消費税の軽減税率適用による効率と公平のトレードオフ」『経済分析』第176号、19-41頁。

望月正光・野村容康・深江敬志(2010)『所得税の実証分析:基幹税の再生を目指して』日本経済評論社。

森信茂樹・前川聡子(2001)「わが国所得課税ベースのマクロ推計」『フィナンシャル・レビュー』第57号、103-122頁。

山田武(1998)「国民健康保険の総務費と規模の経済の検討国民健康保険と地方財政に関する研究」『財政経済協会』17-31頁。

湯田道生(2006)「国民年金・国民健康保険未加入者の計量分析」『経済研究』第57巻第4号、344-357頁。

湯田道生(2010)「国民健康保険制度が抱える諸問題が国保財政に及ぼす影響:予備的分析『中京大学経済学論叢』第21巻、1-15頁。

索引

【あ行】

赤字国債　3,12
一般会計　8,87
一般配偶者控除　26,198
一般扶養控除　26,137,165,198

【か行】

介護保険制度　115,118,202,208
介護保険料　115,120,149,202
基礎的財政収支　7
逆進性　37,48,52,199
給与所得控除　24,149,205
拠出履歴　6
軽減・減免措置　82,85,87,90,95,105,200,208
軽減税率　37,199,206
限界実効税率　66,72,161,199
現年分収納率　170,178
後期高齢医療制度　81,99,200
後期高齢者医療保険料　82,99,103
公的年金等控除　149,205
公費　2,12,81,86,116,203
国民健康保険制度　81,200,208
国民健康保険料　82,149,169
個人住民税　32
個別間接税　37,199

【さ行】

財務省型実効税率　72,79
事業税　63,207
自己負担　2,116,198,207
自己負担割合　5,119,122,207
社会保障関係費　8
社会保障給付費　1
社会保障財源　2,5,16,198
社会保障財政　1

社会保障と税の一体改革　1,13,37,81,84,197,205,209
社会保障負担　5,207
社会保険制度　1,81,115,133
社会保険料　1,5,81,133,169,198,208
社会保険料控除　26,149,198,205
社会保険料収入　1
収納率　83,85,169,188,204
受益と負担　5,83,95,99,117,126,198,202,208
生涯負担率　161,165
消費税　1,6,12,16,37,40,199,206
消滅時効時間　179
所得税　17
税収調達能力　31,206
世帯負担率　134
ゼロ税率　37,199
租税調整済み資本コスト　66,74,199

【た行】

滞納繰越分収納率　170,181
滞納繰越分不納欠損率　181
タイル尺度　143,150
地方消費税　16
長期債務残高　9
投資関数　74,199
特別徴収　85
特別調整交付金　101,173,178,204

【は行】

配偶者控除　137,149,165
配偶者特別控除　137,149
普通調整交付金　101,178,204
普通徴収　85
負の所得再分配効果　28,36
扶養控除　149

プライマリーバランス　7, 197
法人実効税率　59, 79
法人住民税法人割　62, 207
法人税　62
法定外繰入　87
保険基盤安定繰入金　173, 204
保険料軽減制度　87
保険料算定額　84, 105, 200

保険料収納額　85, 90, 105
保険料調定額　85, 90, 105, 200
保険料賦課方式　170, 172, 188, 204
法人事業税　62, 207

【ら行】

老人扶養控除　137, 165

【著者紹介】
上村　敏之（うえむら　としゆき）（関西学院大学経済学部教授）
関西学院大学大学院経済学研究科博士課程後期課程単位取得退学。博士（経済学）。専門は財政学。東洋大学経済学部講師・准教授を経て2009年より現職。著書に『財政負担の経済分析』（関西学院大学出版会2001年）、『公的年金と財源の経済学』（日本経済新聞出版社2009年）、『消費増税は本当に必要なのか』（光文社新書2013年）など多数。

足立　泰美（あだち　よしみ）（甲南大学経済学部准教授）
大阪大学大学院国際公共政策研究科博士前期課程修了。大阪大学大学院医学系研究科博士課程修了。博士（医学）および博士（国際公共政策）。専門は財政学。2014年より現職。著書に『保健・医療・介護における財源と給付の経済学』（大阪大学出版会2014年）。

税と社会保障負担の経済分析

2015年11月20日　第1刷発行		定価（本体5900円＋税）
	著　者	上　村　敏　之
		足　立　泰　美
	発行者	栗　原　哲　也

発行所　株式会社　日本経済評論社
〒101-0051　東京都千代田区神田神保町3-2
電話　03-3230-1661　FAX　03-3265-2993
E-mail：info8188@nikkeihyo.co.jp
URL：http://www.nikkeihyo.co.jp/
印刷＊藤原印刷・製本＊高地製本所

装幀＊渡辺美知子

乱丁落丁本はお取替えいたします。　Printed in Japan

© UEMURA Toshiyuki and ADACHI Yoshimi　ISBN978-4-8188-2406-5

・本書の複製権・翻訳権・上映権・譲渡権・公衆送信権（送信可能化権を含む）は、㈳日本経済評論社が保有します。

・JCOPY 〈㈳出版者著作権管理機構　委託出版物〉
本書の無断複写は著作権法上での例外を除き禁じられています。複写される場合は、そのつど事前に、㈳出版者著作権管理機構（電話 03-3513-6969、FAX 03-3513-6979、e-mail: info@jcopy.or.jp）の許諾を得てください。

若年者の雇用問題を考える
——就職支援・政策対応はどうあるべきか——
樋口美雄・財務省財務総合政策研究所編著　本体 4500 円

国際比較から見た日本の人材育成
——グローバル化に対応した高等教育・職業訓練とは——
樋口美雄・財務省財務総合政策研究所編著　本体 4500 円

実証国際経済学
吉田裕司著　本体 4000 円

金融危機の理論と現実
——ミンスキー・クライシスの解明——
クレーゲル著／横川信治編・監訳　本体 3400 円

現代国際通貨体制
奥田宏司著　本体 5400 円

EU の規制力
遠藤乾・鈴木一人編　本体 3600 円

越境するケア労働
——日本・アジア・アフリカ——
佐藤誠編　本体 4400 円

所得税の実証分析
——基幹税の再生を目指して——
望月正光・野村容康・深江敬志著　本体 4200 円

所得分配・金融・経済成長
——資本主義経済の理論と実証——
西洋著　本体 6400 円

地方独自課税の理論と現実
——神奈川・水源環境税を事例に——
髙井正著　本体 3800 円

日本経済評論社